日本憲法史叢書

5

憲法史と憲法解釈

大石　眞

信山社

日本憲法史叢書

刊行の辞

大石　眞
高見勝利
長尾龍一

「五十年経たないと歴史の対象にならない」とは、国史学者黒板勝美の言葉だそうであるが、変転極まりなく、何事もたちまち忘却の彼方に去ってしまう現代においては、これはやや悠長に過ぎるものかも知れない。しかしついに、この基準からしても、日本国憲法は、一九九六年に公布半世紀、九七年に施行半世紀を迎えて、歴史の対象に仲間入りした。

思えば、日本憲法史という領域は、戦後憲法学の中で、冷遇された領域であった。というのは、旧憲法の歴史は、「八月革命」以前のアンシァン・レジームの世界にあって、実定憲法学者とは疎遠なものと感じられたし、日本国憲法制定史は、「押しつけ憲法論」と結びついて、もっぱら反憲法派の好む領域の観があったからである。実際、日本国憲法制定史について、本格的な研究の鍬を入れたのは、改憲を念頭において発足した政府の憲法調査会であった。

しかし、歴史学の世界では必ずしもそうではない。明治初期史の研究は、憲法制定・議会開設をめぐる政府と民権派の対立を主題とせざるをえず、明治後期史・大正史の研究は、憲法を制度的枠組とし、議会を舞台とする藩閥と政党の闘争と妥協の過程を主題とする。昭和前期史の研究は立憲体制の崩壊過程を対象とし、占領史は日本国憲法の制定過程を主題とする。政治思想史においても、伊藤博文・井上毅、穂積八束・美濃部達吉などが関心対象となる。

それに、昭和十年代の伊東巳代治資料、昭和三十年代の井上毅資料、そして日米の研究者による占領関係資料の発掘など、多様な資料が公開・発掘されて、研究者の知的好奇心を刺激し、解釈学者にも「立法者意思」への関心を向けさせる。

しかし、憲法史という地味な領域の研究成果の多くは、目立たぬ大学紀要・論文集などに掲載されて、研究者相互の目にさえなかなか触れがたい。本叢書は、このような業績を、学界や関心をもつ読者に広く紹介し、研究の新たな発展に資そうとするものである。

一九九七年七月

日本憲法史叢書　憲法史と憲法解釈

目　次

目　次

序　日本憲法——回顧と展望

はしがき

この一世紀の間、日本は、その前半を君主主義に基づく明治憲法とともに歩み、後半を国民主権を原理とする現行憲法とともに過ごしてきたことになる。明治憲法は、幕末以来抱え込んだ内外の政治的な負債に悩みつつ、十九世紀前半のドイツ君主主義原理に範を求めて制定され、日本国憲法はいわば強いられた憲法革命として制定されたが、ともに緊急輸入された新制度に翻弄されながら、多難な半世紀を送ってきた。

結果的には、明治立憲制は戦時体制の息苦しさとともに展望のないまま崩壊してしまったが、現行憲法体制はアジアで成功した稀有の欧米型憲法として異彩を放っている。われわれとしては先人達の努力に感謝しなくてはなるまいが、占領管理体制下に行われた憲法制定は、同時に、固定化しつつあった冷戦構造のもと西側陣営への帰属をも意味していた。そのため、日本特有の憲法正当性論争やイデオロギー的な憲法解釈論争が繰り広げられることになる。憲法制定を中心として進められた戦後改革にも光と影の部分があったことは否定しがたいことで、それらの全般的な見直しを迫られているというのが世紀末の日本国憲法の姿であろう。

明治立憲制の世紀末

明治国家は西洋的な近代国家を目標として出発したが、明治十四年政変後に第一要素である統一国家という課題を克服した明治政府にとって、不平等条約の改正問題と立憲制モデルにかかわる主権国家と立憲国家という要素は、ともに重い課題となった。明治憲法の制定から十年経った一八九九年(明三二)七月、領事裁判権の廃止を盛り込んだ日英通商航海条約ほかの改正条約が実施されるに及んで、幕末以来続いた半独立国家の状態から脱却する一歩を印すことになる。その十余年後、関税自主権の回復を盛り込んだ日米・日英新通商航海条約の成立(一九一一年)とともに、日本は真の独立国家として国際社会に認知されるに至るが、その対外姿勢は、自らを苦しめ続けた西洋列強の帝国主義と植民地主義に毒されていた。

こうして、一九〇〇年(明三三)の時点で、残る主要課題は立憲国家を確立することにあった。これは明治憲法の立憲的運用への問いでもあり、ここにおいて、明治憲法の中に取り込まれていた君主主義と立憲主義との原理的対立が表面化する。この時、憲政思想をリードしてきた福沢諭吉・中江兆民という英仏派の代表的政論家の死を迎えたことは(一九〇一年)、憲法運用に必要な立憲思想の水脈が断たれたという意味で、明治立憲制の運命を予感させるものがある。この両雄の眼には、明治憲法は、大臣弾劾制度を欠いた大権内閣制を採用し、不備な行政裁判制度のため法律の留保による権利保障も十分でなかったという点で、外見的立憲主義と映ったに違いない。実際、彼らが最期に見た治安警察法は、集会・政社に対する規制立法として、敗戦時まで四十五年間にわたり強い威力を発揮したのである。

一九〇〇年は、別の意味でも見逃しえない。当初不偏不党を標榜した伊藤博文自らが総裁となって立憲政友会を結成したことは、政党内閣制という時代的要請を示しているが、内務省官制の改正により社寺局を廃止し、神社局と宗教局とに分けたことは、神社行政を宗教行政から区別し、いわゆる国家神道に道を開いた措置として位置づけられる。そして陸海軍両省官制改正によって、軍部大臣現役武官専任制も敷かれるに至った。この制度は、閣議での二個師団増設案否決に対する上原陸相の辞表提出を機に政友会の西園寺内閣が総辞職し、内大臣たる桂内閣が成立するという事態を前にして起こった第一次憲政擁護運動の中でいったん解除されるが(一九一三年)、しかし、やがて国務大臣の同格制、統帥権の独立という軍部による軍政作用の特別輔弼伝統などと相俟って、軍部による内閣支配をもたらし、明治立憲制の命運に深くかかわることになる。

大正デモクラシーは議院内閣制と政党内閣制を憲政の常道とし、普通選挙運動も全国的に展開したが、普通選挙制が導入されたのは、護憲三派による第二次憲政擁護運動の後であった(一九二五年)。この頃すでにヨーロッパでは、第一次大戦を機に伝統的な大帝国が崩壊し、代わって誕生した共和制諸国の制定した憲法は、ワイマール憲法に代表されるように、合理化された議院内閣制・半直接民主制・権利宣言の社会化といった新傾向を示していた。この尺度で測ると、基本的に十九世紀前半の憲法原理に規定されていた明治憲法の後進性は明白であり、普通選挙制の導入と同時に制定された治安維持法は、たんに労働運動等への警戒だけでなく、そうした民主的潮流全般に対する反動を表すものでもあった。

戦時体制はすべてを呑み込み、理性を麻痺させ、感覚を狂わせた。この時期の年表をみると、軍国主義の支柱となる軍部大臣現役武官専任制の復活、包括的な立法の委任を認める国家総動員法の制定、対抗勢力の消失を意味する諸政党の解党、政治的諸自由を許可制の下に置いた「言論、出版、集会、結社等臨時取締法」の制定、翼賛政治体制の成立といった事項で埋まっている。いずれも明治立憲制からの逸脱を意味するが、こうした明治憲法末期のありさまは、形式上「不磨の大典」とされていても関連法令の動向によって大きく内実を左右されるという、簡約な憲法典が辿るであろう一つの運命を暗示している。

強いられた憲法革命

一九四五年（昭二〇）八月のポツダム宣言受諾に始まる現行憲法と憲法附属法の制定、そして各種のいわゆる戦後改革は、日本という国家の再生をかけた大事業であり、その時期はいわば立憲国家としての再建時代を形づくることになる。しかし、憲法制定は、連合国軍の占領管理体制の下に行われたいわば強いられた憲法革命であり、国民主権の発動の結果とはいえない点において、日本国憲法は現代憲法としては特異である。

日本側の自主的な検討成果をあまりに保守的だとして却けた総司令部民政局は、アメリカ本国政府の日本統治改革案に依拠しつつ、自ら憲法制定会議と称してマッカーサー草案を作成する。これが以後の憲法制定史を決定的に支配し、日本政府の検討作業も帝国議会の審議も——文言の修正を含めて——すべて総司令部の指示を仰ぎつつ行われた。こうした舞台裏の様子は各種の資料からすべて明るみに出され、今日すでに公知の事実になっているが、だからといって、自由意思によらない現行憲法は無効であるといった議論が当然に成立するわけでもない。およそ瑕疵ある行為を当然に無効と解すべきかは問題で、むしろ一定の追認行為によって瑕疵は治癒されるとするのが、現行法も認める法思考だからである。

日本国憲法は、基本的に、いわゆる代表民主制をとりつつ国民主権の原理に立ってレファレンダムにより国民自ら国政内容を決定するという半直接民主制を導入し、合理化された議院内閣制を定めたことによって、第一次大戦後に登場した現代型の憲法構想を採用している。しかし同時に、適正刑事手続を詳述する形で基本的人権を列挙し、司法的違憲審査制を定めることにより、アメリカ型「法の支配」の理念に立ったものといえよう。内閣法・裁判所法・地方自治法などの憲法附属法も、そうした基本構想に概ね沿う形で制定されたが、国会法・財政法に代表されるように、明治憲法下の制度観を色濃く残したものもある。

占領管理体制下にあっては憲法の自主運用の余地はなく、さまざまな虚構の上に日本国憲法は成り立っていた。その「最高法規」性自体、実は管理法令の下にあったが、国政はすべて連合国司令官の決定に服するのに国民主権の原理が高調され、占領軍によって確保された平和と安全の下で非武装主義的な九条解釈が唱えられたりした。また、占領軍の検閲を括弧に括った形で言論・出版の自由の意義が説かれ、占領政策遂行のために作られた「政党、協会、其の他の団体の結成の禁止等に関する」

勅令を前にしつつ集会・結社の自由が謳われたりしたのは、その例である。こうした虚構は、軍国主義的な反動勢力の復活を阻止するという名目で正当化されているが、国民に一種の思考停止を強要したことは疑いない。

試練に立つ日本国憲法

一九五二年(昭二七)四月末の平和条約発効による主権回復の前後から、ようやく日本国憲法の自主運用が始まるが、独立後まず直面したのは国の防衛の問題であった。平和条約と同時に締結された日米安保条約に基づく駐留軍の存在、占領体制下に発足した警察予備隊の保安隊への組織替えといった再軍備過程は、折からの米ソ対立の中、激しいイデオロギー的解釈論争を引き起こしたが、ここには占領期の後遺症がよく表れている。

同年夏の破壊活動防止法の制定、翌年のいわゆるスト規制法の公布、二年後の自衛隊の発足といった一連の出来事に代表される独立後の憲法史は、しばしば逆コースとして描かれる。だが、右に述べたような虚構、つまり占領軍の後ろ盾をすべて取り去ってみれば、民主的な独立国家としてそれほど異様な道を歩んでいるわけではなく、その頃相次いだ公務員スト権問題、農地改革違憲訴訟及び新潟県公安条例事件に関する最高裁の合憲判決も、その文脈で考えれば、決して現行憲法の精神に反するものではないとの評価も成り立ちえよう。

さて、第二次大戦後に制定された憲法でもしばしば改正されるという先進諸国の事実は、常に憲法の内容を検討すべき必要を教えてくれるが、同時に、国家緊急権・政党の地位・条約の位置づけ・立法の委任の限界・予算不成立への対処など、いろいろな点で現行憲法が不備でナイーブなところをもち、現代憲法というには時代遅れになっていることを感じさせる。

しかし、司法審査制の適切な運用という問題意識に立ち、実効的な権利保障の理念と結び付いた憲法訴訟制度は、司法実務からの反響もあって大きな成果を収め、時代の要請に応じた注目すべき憲法判例の展開が見られる。これは違憲審査制のなかった明治憲法と決定的に異なる点であり、今後もその着実な運用を期待できよう。ただ、司法判断を本務とする裁判所の役割には、やはり越えがたい限界がある。

その意味で状況を打開するには、国民主権の原理を生かす形で新時代にふさわしい憲法にすべく憲法改正を行うことが最もよい方法のように思われる。だが、現行憲法は理想憲法で、憲法改正権力にも限界があると説かれてきた国民は、選挙を通してのみ主権を行使する「囚われの主権者」であることに馴れており、施行後すでに半世紀も経たのに憲法改正を行うために必要な法律すら未だ制定されていない事実を怪しむ風もない。しかも長く現行憲法は聖典化され、改憲論タブーが醸成された結果、国権の最高機関とされる国会の両議院にも、憲法問題を恒常的に検討する場は設けられず(1)、明治前期憲政史を彩ったような憲法制度構想力は著しく低下している。憲法改正は余りにも重すぎる課題なのである。

これに代わるものとして、憲法附属法による実質的な憲法改正の道がある。一種の憲法変遷の活用であるが、実際、広い意味での憲法関連諸法の制定という形で新世紀に向けた制度改革は少しずつ進んでいるかに見受けられる。一九九〇年代の主要な動きを挙げるだけでも、行政手続法・政治改革関連法・地方分権推進法・中央省庁等改革基本法などがあり、現在衆議院で継続審査中の情報公開法案などの早期成立も期待される。(2) そうなると、明治憲法下の運用を下敷きにした国会法と会期制度、財政法と予算制度といった点についても、根本的な再検討を要する日が来るかも知れない。

これらの立法は、憲法改正といった事業に比べると、いかにも地味である。だが、それらが所期の成果を上げるなら、現行憲法体制の運用は従前と大きく異なったものになるであろう。そこから反って新世紀にふさわしい憲法像が生まれてくることも期待したい。

(1) その後の国会法改正により国会両議院に憲法調査会が設けられ、二〇〇〇年（平一二）一月から活動を開始している。

(2) その後、情報公開法は、一九九九年（平一一）五月、法律第四十二号として制定、公布された。

第一部　明治憲法体制と立憲主義

I　日本憲法史における抵抗権思想の系譜

1　憲法学と抵抗権論

一　人権宣言の指標としての抵抗権

人権各論より人権総論に強い関心を寄せ、制度的な叙述より思想史的な文脈で基本的人権論を展開した宮澤俊義『憲法II』（有斐閣、一九五九年。新版＝一九七一年）は、同時に、抵抗権を「人権宣言の担保」の一方法として位置づけ、その思想と構造について思索を重ねた点において、「東西における最も深度の高い文献(1)」と評価されている。

しかしながら、その中で、故宮澤教授が、抵抗権を「その本質上、実定法的に組織されることのできないもの」（初版一六三頁、新版一六六頁）と言明された点は、とくに菅野喜八郎教授による厳しい批判に曝され、その結果、いわば自然法上の抵抗権と実定法上のそれとを峻別して論議することの必要も説かれるにいたった(2)。もちろん、今日こうした批判や提言がすでに一般的に承認され、そのうえで憲法解釈論が行われているかどうかは必ずしも明らかでない。

いずれにせよ、私がここで特に関心を寄せるのは、そのことの当否ではなく、抵抗権の記述において光彩を放つその名著に伏在している別の論点である。すなわち、故宮澤教授は、その中で、①いわば本来的な人権宣言と「外見的人権宣言」とを区別したうえで、②その識別基準、つまり、本来的な人権宣言の指標の一つとして抵抗権の規定の存否を挙げ、③自由民権派の旗手・植木枝盛の憲法案の権利宣言は本来的な人権宣言に属するが、制定された明治憲法のそれは「外見的人権宣言」の性格をもつと評価された。

念のため、いま、これらの諸点を『憲法II』の記述によって具体的に確認しておくと、次のごとくである(なお、初版の記述と新版のそれとの間にはまったく変化がないので、便宜上、新版の頁数のみを記すことにしたい)。

(イ)　近代諸国における人権宣言という考えは、基本的人権という考えとの関連において成立したと見るべきである。人間が人間であることにもとづいて当然有する人権を、国家権力によって侵害することの不当を主張するのが、人権宣言の狙いであった……十九世紀の大陸諸国――ことにドイツ諸国――の憲法に含まれていたような国民の権利および義務に関する規定の一群は……いずれもアメリカおよびフランスの両革命における各種の人権宣言の強い影響の下に成立し、形の上ではそれらを範としつつも、その実質を君主主義的イデオロギーによって多かれ少なかれ制約ないし修正しようとの意図にもとづいているものであり、その意味で本来の人権宣言のゆがめられた形態と考えられ……外見的人権宣言と呼ぶこともできよう(六―七頁)。

(ロ)　植木枝盛の「東洋大日本国国憲案」では……人権宣言に非常な重点が置かれていることが分る。人権宣言は、すべて「日本人民」の権利を宣言・保障することを主眼とするが、そこでの保障が絶対になされていることや、強い言葉で抵抗権が宣言されていることなどからいって、その人権宣言は、単なる外見的人権宣言ではなくて、本来の人権宣言の性格を有するもののように考えられる（一八一―一八二頁）。

明治憲法の人権宣言は、以上から明らかであるように、固有の意味における人権宣言ではなく、外見的人権宣言の性格をもつものであった。その点で、それは、一八一四年のフランス憲法や、十九世紀のドイツ諸国の憲法の人権宣言と同じカテゴリーに属する（一九〇頁）。

右に述べた(ロ)、つまり、抵抗権規定の存否が本来的な人権宣言と「外見的人権宣言」とを識別する基準となるという点は、一見、(ロ)で突然出現するもののようであるが、それはすでに(イ)で用意されているとみなくてはならない。というのも、(イ)にいう「人権」は、いわゆる自由国家観における生来的・前国家的な自然権的権利を指し、当然に、革命権又は「圧政に対する抵抗」の権利を含む観念だからである。事実、著者は、別の書物の中でその趣旨をはっきりと述べ、しかも、こうした権利が「明治時代の言葉でいえば、『天賦人権』である」ことも指摘されている。(3)

二　支配的な見方への反問

右のような権威的な『憲法II』の叙述と評価は、その後広く一般に受け入れられたようである。その結果、自由民権運動と明治憲法起草過程とはまったく切断され、民権派・植木枝盛と法制官僚・井上毅の関係も、まったく径庭を隔てたもののようにみられるようになり、その影響は今日にも及んでいる。こうした見方は、しかし、現在厳しい試問に曝されているように思われる。

まず、右の宮澤俊義『憲法II』（初版）の刊行後まもなく著された明治憲法に関する記念碑的な大著、稲田正次『明治憲法成立史』下巻（有斐閣、一九六二年）は、すでに、井上毅が起案し、枢密院で参考にされた憲法草案の説明のある部分を引きつつ、「抵抗権について言及している」事実を明言している（六三九頁、八六四頁）。また、長く井上毅の遺文書に関わり、その内容に精通された木野主計氏は、近業の中で「植木枝盛の法思想に与えた井上毅の影響」を分析し、とくに植木の権利論・抵抗権論にそれが著しいことを示された。(4)

いずれの指摘も、この分野を代表する研究者によるものであるだけに、その意味は大きい。稲田正次『明治憲法成立史』のもつ重みは、ここで改めて述べるまでもないが、木野主計氏の論考も、古典的な家永三郎『植木枝盛研究』（岩波書店、一九六〇年）——故宮澤教授の論述は、その一連の研究に多くを負うもののようである——や、最近の井田輝敏『近代日本の思想像』（法律文化社、一九九一年）における同様の評価に対して、根本的な反省を迫るものとなっている。(5)

そして、木野氏の論考とほぼ時を同じくして、政治思想史専攻の山田央子氏も、思想的転回を遂げる前の加藤弘之が、ブルンチュリに拠りつつ「抵抗権を積極的に肯定」していたこと、その加藤訳による『国法汎論』に植木枝盛が強い影響を受けていたことなどを、具体的に論証された。(6)

こうした指摘は、古典的な宮澤『憲法II』以来、憲法学界においてほぼ定着した観のある従来の見方に大きく修正を迫るものであって、憲法学としても、これに対して何らかの責任ある応答をしなくてはなるまい。けれども、私のみるところ、憲法教科書等における抵抗権に関する論述は、依然、宮澤『憲法II』段階のものにとどまっており、(7)右にみたような憲法史的・思想史的な再検討の存在をまったく知らないかのようである。

そこで本稿は、こうした実証的な研究成果に触発され、自由民権派といわゆる官僚リベラリズムとの関係に注意しつつ（2参照）、とくに井上毅を中心とする明治憲法及び『憲法義解』の成立過程に光をあて、そこにおける抵抗権への言及の跡を克明にたどり、その意味をできるだけ精確に尋ねようとするものである（3参照）。

これによって、日本の憲法学が、わが憲法史における抵抗権の思想について語るとき、せいぜい植木枝盛の憲法私案の諸規定を列挙することで満足してきた嫌いのあるこれまでの傾向に対して、多少なりとも反省を促し、日本憲法史における抵抗権の内容と系譜をより豊かなものとしてとらえ直す契機になれば、幸いである。

（1）結城光太郎「抵抗権」宮澤俊義先生還暦記念『日本国憲法体系第八巻』（有斐閣、一九六五年）一三五頁。

（2）総括的に、菅野喜八郎「抵抗権」ジュリスト六三八号（一九七八年）一三五頁以下参照。同『国権の限界問題』（木鐸社、一九八八年）三四六頁以下所収。

（3）宮澤俊義『憲法〈改訂版〉』（有斐閣、一九六九年）一〇一―一〇二頁。

（4）木野主計「植木枝盛の法思想に与えた井上毅の影響」梧陰文庫研究会編『明治国家形成と井上毅』（木鐸社、一九九二年）。同『井上毅研究』（続群書類従完成会、一九九五年）一四六頁以下所収。

（5）なお、家永三郎『植木枝盛研究』第六刷増訂版（岩波書店、一九七六年）では、井上毅と植木との関係が示唆されるにいたったことに注意する必要がある（同書七三七―七三八頁参照）。

（6）山田央子「ブリンチュリと近代日本政治思想（下）」東京都立大学法学会雑誌三三巻一号（一九九二年）二一一頁以下。なお、家永・前掲書（第六刷増訂版）は、この点でも重要な修正を施している（七三四頁参照）。

（7）　最近では、奥平康弘『憲法Ⅲ』（有斐閣、一九九三年）二二頁参照。

2　自由民権思想と抵抗権――植木枝盛を支えたもの

一　植木枝盛「東洋大日本国国憲案」

宮澤俊義『憲法Ⅱ』は、『学問のすゝめ』の一節（六・七編、明七）を紹介しながら、日本における抵抗権の思想は「まず福沢諭吉によって説かれた」ことを述べたのち、直ちに「もっと徹底した、アメリカ・フランス両革命の嫡流ともいうべき抵抗権に関する思想が、とりわけ植木枝盛によって、明確に主張され、それが彼の憲法私案にとり入れられていること」を特記しているが（新版一四八―一四九頁）、そこで「多くの抵抗権的な規定がある」（新版一八〇頁）として、植木の「東洋大日本国国憲案」（明一四）から引かれたのは、次の四カ条であった。(1)

第六十四条　日本人民ハ凡ソ無法ニ抵抗スルコトヲ得

第七十条　政府国憲ニ違背スルトキハ日本人民ハ之ニ従ハサルコトヲ得

第七十一条　政府官吏圧政ヲ為ストキハ日本人民ハ之ヲ排斥スルヲ得

政府威力ヲ以テ擅恣暴逆ヲ逞フスルトキハ日本人民ハ兵器ヲ以テ之ニ抗スルコトヲ得

第七十二条　政府恣ニ国憲ニ背キ擅ニ人民ノ自由権利ヲ残害シ建国ノ旨趣ヲ妨クルトキハ日本国民ハ之ヲ覆滅シテ新政府ヲ建設スルコトヲ得

これらの権利の内実は、しかし、必ずしも明らかでない。今風の用語でいえば、市民的不服従(七〇条)、積極的抵抗権（七一条）及び革命権（七二条）などと整理することができるかも知れない。が、これらの三権が「無法に抵抗する」権利（六四条）とどういう関係に立つのかはっきりしないし、これが「日本国を辞する」自由（六三条）と「諸財産を自由にする権」（六五条）との間にあることの意味もよく解らない。

それはともかく、こうした植木の抵抗権思想の源流は、しばしば、彼の筆禍事件、すなわち、明治九年二月、郵便報知新聞に政府批判の「猿人君主」説を著したために投獄されるという憂き目にあった事実に求められ、釈放後にものした「自由は鮮血を以て買はざる可からざる論」（同年六月）は、その宣言と位置づけられている。むろん、この事件の影響をまったく否定することはできないだろう。

しかしながら、先に述べた最近の実証的研究は、植木枝盛が、むしろその数年も前から抵抗権の思想を育くんでいたことを示すと同時に、のちの「東洋大日本国国憲案」にいたる背景も、そう単線的なものではなかったことを明らかにしている。すなわち、植木は、一方において、すでに抵抗権を説いていた福沢諭吉・加藤弘之等の考えに接すると同時に、フィッセリングやブリンチュリなどの各種翻訳を通じて立憲思想を学んでいたが、他方において、フランス司法制度や民権保障のあり方を詳述していた法制官僚・井上毅の著作から、実に多くのものを得ていたのである。

二　抵抗権規定の思想的背景

まず、一八五七年（安政四年）土佐に生まれた植木は、一八歳の時（明八）再度の上京をはかるまでに、当時の二大新知識である福沢諭吉及び加藤弘之の主要著作、つまり『西洋事情』『学問のすゝめ』や『立憲政体略』『真政大意』などに接するとともに、加藤の手になるブルンチュリの『一般国法学』の部分訳、『国法汎論』(明五―七)にも親しんでいた。[2] したがって、すでに福沢の抵抗権思想に触れていたわけであるが、ブルンチュリ『国法汎論』の中にも次のような一節が見える。

若シ国憲不是ノ為メニ、国家将サニ危乱ニ趨ラントシ、ホルクノ生力将サニ麻痺セントシ、或ハ天ノ公益公利将サニ亡滅セントスルニ至レハ、ホルクナル者強盛活発ノ威力ヲ発シ、不得已ノ権利ヲ施行シ、以テ切要ノ変革ヲ遂ケサルヲ得ス

ここに「ホルク」とは国民・人民を意味し、その「不得已の権利」、すなわち抵抗権または革命権の考え方が出ているが、植木が東京時代に読んだ加藤の『国体新論』(明八)には、自らの右邦訳『国法汎論』の影響が著しい「天賦ノ人権」論による抵抗権思想が、はっきり窺われる。[3]

さて、右に掲げた加藤弘之『立憲政体略』は、フィッセリング原著・津田真道訳の『泰西国法論』の強い影響を受けたものといわれる。この『泰西国法論』もまた、植木枝盛の主要な勉学素材であったが、実は、ここには、「国家に対して住民の務む可き義」を説いた、次のようなきわめて注目すべき記述が見える[4](『泰西国法論』第二巻第八篇)。

第一章　国家に対して第一の務む可き住民の通義は、法律を敬守し君主及頭長其管内に施せる命令に服従するなり。

第二章　右の如く君主頭長の命令に服従すと雖、奴隷の如く君主頭長の命と云は惟命是奉す可しと謂ふに非す。其人命令を出す権を有せすして肆に発したる命令は恭順するに及ばざる事

又論なし。
第三章　律法の条例に違へる命令は亦之を遵奉するを要せす。
第四章　君主独裁絶て律法を以て之を束縛せざる国と雖も、売奴の如く毫も理非を論せす只管君命に順従するを以て民の義とする事は絶てあらぬ事なり。
第五章　若夫君主親ら万機を操りて只管一人の私欲私情に任せ神に事る等、人民の正権を踏藉し暴政下を虐し社稷を殄滅に瀕け、外国の兵威を仮りて本国臣民の正議を圧し或は殊更に国を外敵に売るに至れば、王命を拒て従さるを以て却て本国正民の正義とするなり。
第六章　君主の非道暴虐を拒むに其道多端あり。
第七章　若夫擅に威福を作し下を凌虐する者宰相以下の有司なれは、更に高等の官吏或は直に君主に訴て姦悪を罰し其人の受けたる屈害を復せん事を請願するに止る可し。
第八章　若夫君主親ら非法の命令を下し暴虐無道なる時は臣民直に君命を拒む事を得可し。其法暴虐の軽重に従て差異あり。
甲　或は惟命に従ふを拒む
乙　或は諫書を呈して明に命を拒む
丙　或は兵を以て起り暴を以て暴を拒む
第九章　然りと雖、実に止むを得さる極に至らされは国民謹て兵を執りて起ること勿れ。国乱内変は国家災害の尤憂懼す可き極なり。然れ共爰に百方術尽き絶えて彼不正を拒み我正を守るに由無きに至れは、暴を以て暴を拒む術を試みすんはある可らす。

続いて以下では、住民第二の「通義」、つまり「国家其本意を達する為に須要なるの費用を助る」義務の内容が説かれるが、右に見られるように、津田訳『泰西国法論』は、遵法義務から出発して一般的な不服従の道を述べたのち、積極的な抵抗権に説き及ぶという点において、抵抗権に関するきわめて組織立った論説となっている。

そして、とくに「第八章」の説くいわば段階的抵抗権論は、「政府威力を以て擅恣暴逆を逞ふするときは日本人民は兵器を以て之に抗することを得」とまで言い切った、前記の植木「東洋大日本国国憲案」の規定を想起させるものがある。その言葉の使い方からみても、右の津田訳『泰西国法論』こそ、植木の憲法私案における抵抗権規定のモデルを提供したものではないか、と私は考えている。

三　植木枝盛と井上毅の接点

こうした植木枝盛の抵抗権規定の着想は、しかし、右にみた立憲主義啓蒙書にのみ由来するわけでもないようである。そもそも、どんなに高邁な思想であっても——あるいは、高邁なものであればあるほど——それが立憲主義を標榜する限り、自らを現実化するための智恵、そのための制度や技術を伴わなくてはならない。植木の閲読した西欧の法政関係書が、この点に関して多くを教えたことはもちろんである。だが、より具体的で確実な法制上の知識を求めるようになると、やはりそれでは足りない。

こうして植木は再び上京し(明治八年一月下旬)、同郷の友人萩原節愛の居宅に寄宿して、明六社や三田の演説会などに顔を出す一方で、西欧の司法制度を実地調査してきた司法省関係者に会い、関連資料の閲覧・借用などについて便宜をはかってもらった。当時、司法省には、四月に元老院議官に転任する河野敏鎌を始めとして、岡内重俊・大塚正男など、同じ土佐出身の有力官僚がいたことが背景にあるらしい。

それはともかく、こうした関係を利用して、植木は、萩原などとともに、井上毅のいわゆる司法四部作――『仏国大審院考』（明六）、『治罪法備攷』（明七―一二）、『王国建国法』（明八）、『仏国司法三職考』（明一二）の四点を指す――の草稿本を借り出し、自らも筆写に当たった。これを転写したのが、植木の郷里に現存している「司法諸庁区別」「目代考・代言人考・代書人考・陪審考」などである。(5)

木野主計氏によって明らかにされた右の事実は、従来まったく接点がないように考えられていた民権運動家・植木枝盛と法制官僚・井上毅との思想的な関連を示すものとして、大いに注目に値する。(6)

なかでも、フランス書に拠りつつ、アメリカ合衆国及びヨーロッパ四カ国（仏英普墺）の「各国建国法治罪原則」、つまり憲法的刑事法について詳述した『治罪法備攷』上篇第一巻(7)（第三章）は、自由・所有・安全及び「横暴に抵抗す」という「人類諸権」を謳った、かのフランス人権宣言を掲げると同時に、「成文建国法なし」というイギリスに関しても、「民権保障」という項目のもとに、「国民の諸権を尊重すべきの義」として、官吏の民刑事責任・「上願の権」「抵抗の権」の三カ条を掲記している。(8)しかも、この抵抗権については、「横制不法の令に於て、抵抗することを得、力を用ふるも、亦可なり」と説明され、「不法の令に触るゝ者は、各民抵抗するを得るを以て法とすること、裁判所歴次裁決する所なり」との解説すら見える。(9)

ちなみに、植木・萩原などの筆記した現存の転写三部作には、どういうわけか、右の部分は見当たらない。したがって、この点をどうみるかが問題になるが、まず、植木達がこうした内容を含む『治罪法備攷』の草稿に目を通していたことは当然考えられ、仮にそうでないとしても、植木の上京時には、同書（上篇第一巻）そのものがすでに刊行されていたのであるから、その目に止まらなかったはずがない。

井上毅の『王国建国法』もまた、植木枝盛を大いに力づけた。植木は、同書についても、すでに東京在住時代に目を通していたように思われるが、少なくとも土佐に帰郷した後にこれを読んだことは、その購求書目からみてまず間違いない。そして、かの「東洋大日本国国憲案」を完成させる前年に植木が著した『民権自由論』などにおいて、右の『王国建国法第二』（一八五〇年プロイセン憲法の邦訳）「小引」や、同『第二』（一八三一年ベルギー憲法の訳）跋文を巧みに援用しているところをみると、何人も、その強い影響の跡を認めないわけにはいかないだろう。[10]

こうして植木は、先にみたような各種の立憲主義解説書のみならず、井上毅の仕事の中にも、その強烈な民権思想の有力な拠り所を見出していたわけである。しかし、法制官僚として歩み、のちに憲法起草主任となる井上その人の場合は、どうであったのだろうか。結論を先にいえば、法制官僚・井上毅も、右の司法四部作時代の志操を捨てたわけではなかったが、その立場は微妙に揺らいだように思われる。次に、その辺りの事情を多少詳しく検討することにしよう。

（1）引用は、家永三郎ほか編『明治前期の憲法構想〈増訂版〉』（福村出版、一九八五年）二三八頁による。なお参照、江村栄一編『日本近代思想大系九　憲法構想』（岩波書店、一九八九年）一八三頁以下。

（2）この点については、前掲の木野主計『井上毅研究』一四八—一四九頁、一九〇—一九一頁及び山田央子「ブルンチュリと近代日本政治思想（下）」東京都立大学法学会雑誌三三巻一号（一九九二年）二五二—二五三頁参照。

（3）この点については、とくに山田・同右論文二四二頁参照。なお、以上に関して、『植木枝盛全集〈第七巻〉』（岩波書店、一九九〇年）六二頁以下の日記も参照。

（4）引用は『明治文化全集・第八巻〈法律篇〉』（日本評論社、一九二九年）八八—八九頁による。

（5）現在その筆写三部作は、高知県長岡郡本山町立中央公民館の架蔵するところであるが、それらは、國學院大学日本文化研究所編『井上毅伝〈史料篇・補遺第一〉』（國學院大学、一九九四年）一七二頁以下に翻刻されている。

（6）参照、木野主計『井上毅研究』所収の「植木枝盛の法思想に与えた井上毅の影響」（同・前掲書一四六頁以下）。

（7）『治罪法備攷』は、『井上毅伝〈史料篇・第三〉』（國學院大学、一九六九年）一一一頁以下に翻刻所収。

（8）つとに坂井雄吉『井上毅と明治国家』（東京大学出版会、一九八三年）八〇頁もその点を指摘するが、むしろ儒教的な暴君放伐思想の表れとする（同書一〇九頁註6参照）。

（9）前掲『井上毅伝〈史料篇・第三〉』一二六—一二九頁参照。ただし、「各国建国法治罪原則」は、各国「建国法に就き、其の人身の自由及治罪法刑法に関かる者を抄訳」したものであるため、革命権の思想を含んだアメリカのヴァージニア権利宣言及び独立宣言は、同書には採録されていない。

（10）この点に関する詳しい考証は、とくに木野・前掲書一九三—一九四頁参照。

3　明治憲法成立史における抵抗権――井上毅の場合

一　法制官僚井上毅の歩み

衆知のように、井上毅は、やがて太政官大書記官（明一三）、参事院議官（同一四）、ついで宮内省図書頭（同一七）などを歴任し、各種の枢要事項の立案に関与しつつ、法制官僚として不動の地位を築いていった。そして、内閣総理大臣・伊藤博文の主導のもと、憲法起草グループ(1)の主任を務めたのち、法制局長官時代（同二一―二四）には、枢密院書記官長・臨時帝国議会事務局総裁を兼任しつつ、明治典憲体制の確立に大きく貢献することになる。

こうして、伊藤がいみじくも、「立憲組織之計画及憲章立案之重事」に「満腔の熱血」を注いだ「忠実無二の人物」と述懐したように、井上毅は、立憲君主制の設計者及び憲法・典範その他の基本法典編纂主任として、十余年もの間、重職を担ったのである。

いうまでもなく、この制度草創期にあって、憲法体制の全体像を設計し、基本的な諸法典の編纂をリードするという任に堪えるのは、並大抵のことではない。外国法制に関する一知半解のペダントリィではむろん通用しないし、「立憲組織之計画」や「憲章立案」を支える思想ないし哲学、それを貫き通す志操の堅固さだけでなく、その実現を謀るための智略といったものも、併せて試されることになる。

「法制官僚」の名を冠せられる井上毅は、この面からみてどうであったのだろうか。この点において、今日、井上を明治国家形成の「たぐい稀なグランドデザイナー」として、むしろ思想家として再評価すべきだという主張が見られることは[2]、興味ぶかい。

二　十四年政変後の軌道修正

立憲君主制の構想が確立する過程において、イギリス派の追放・ドイツ学の勧奨を招来した、いわゆる明治十四年の政変のもつ意義は、きわめて大きい。井上毅の場合も、大隈意見書に対抗する形で岩倉意見書を起案し、劇的な政変にも深く関わったことを想えば、植木枝盛などの民権論者にも好材料を与えたかつての思考を政変後もそのまま維持していたとは、とうてい考えられない。

もちろん、井上の場合、たとえば加藤弘之『人権新説〈全〉』（明一五）が典型的に見せたように、数年前まで自ら「心酔」していた「天賦人権主義」を、今や「妄想主義」として公然と切り捨てる豪胆さはなかった。しかし、そうであるからこそ、逆に内面的な葛藤があったと考えることもできるのであって、この揺らぎを隠し、または表現しようとするときにも、法制官僚としての技量が発揮されたように考えられる。加藤の『人権新説』に先立って出版された井上毅訳『孛国憲法』（明一五）は、実は、そういう意味で政変後の井上の立場を滲ませたものといえよう。

というのは、この『孛国憲法』は、先に言及したプロイセン憲法の邦訳『王国建国法第一』に補正を加えたものであるが、仔細にみると、両者の間には相当の違いが認められ、井上の思想的な軌道修正を看取する手がかりを何点か指摘することができるのである[3]。

すなわち、まず『孛国憲法』は、冒頭に「明治八年二月」に誌した旨の「小引」を載せているが、それは、翻訳原本（ラフェリエール著）と訳文についての簡潔な説明にとどまり、かつての『王国建国法』小引の最初に存した次に見る部分は、すべて削除されていることに注目しなくてはなるまい。

> 建国法トハ根本憲法ノ謂ナリ、上ミ君権ヲ定メ、中カ官制ヲ規シ、下モ民権ヲ保シ、上下共ニ誓ヒ守テ渝エス。之ヲ根本憲法トス。故ニ根本憲法ハ、将ニ国ト共ニ存シ国ト共ニ亡ヒントスル者ナリ。民権トハ何ソ、曰、国民平等、人身自由、住居不侵、私有通義、上言、論述、礼拝社会ノ自由、此ノ類之レナリ。君権ハ何ソ、曰、専治ノ国人主言ト出テ、法ヲ為ス、立憲ノ国ニ存テハ、国王上下二院ト立法ノ権ヲ三分シ、諧同ノ後、方ニ定法ヲ為ス。専治ノ国、王事必ス恭ム、立憲ノ国ニ存テハ、独リ王ノ身位、得テ侵スヘカラス。其ノ王命ニ至テハ、輔相名ヲ署シ、事、憲法ニ乖ク者アレハ直ニ人主ヲ責メスシテ、罪其ノ輔相ニ加フ。之レ其ノ異ナリ……官制如何、曰、法ヲ議シ税ヲ徴スルハ、国ノ大事トス、必ス之ヲ衆ニ詢ル。詢フサルノ法ハ、必シモ順ハス、問ハサルノ税ハ、必スシモ納メス、是ニ於テ乎、議院ノ設アリ……訟獄ノ事ニ至テハ司法ノ官アリ。特立不羈、一官身ヲ終フ、法ニ徇フコトヲ知テ、権ニ順フコトヲ知ラス。国王ト雖モ、臨テ其ノ決ヲ格ムコトヲ得ス。而シテ民始テ安スル所ヲ得、是レヲ官制ノ大略トス。立憲各国ノ同スル所ナリ。夫レ開化ノ民ハ法ヲ以テ天トス、然ルニ建国法アラスンハ、民安ソ法ノ以テ重シトスルコトヲ知ラン。柱ナキノ家ハ、以テ屋ヲ架スヘカラス、軸ナキノ車ハ、以テ輻ヲ施スヘカラス。治国ノ常経、大義数十、炳トシテ日星ノ如シ、之ヲ棄テ、它ニ求メントセハ、猶ホ木ニ縁テ魚ヲ求ムルカ如キ而已。

右の文章は、要するに、「君権」「民権」「官制」などを鍵概念とする、要領を得た近代立憲主義の解説というべきものであるが、最後に登場する「柱なきの家は」云々は、すでに述べたように（2三参照）、かつて民権論者植木枝盛によって巧く利用された一節であったことを想起しなくてはならない。

また、このたびの『孛国憲法』にも、かつての『王国建国法第一』と同様、プロイセン憲法略史が冒頭に置かれているが、これまたきわめて簡潔なものになっている。というのも、「仏蘭西に比すれば較一歩を遅くし、其の立憲の政体に赴きしは」云々という、いわばプロイセン憲法の後進性を窺わせる叙述を削ったほか、フランス書（イレブラン著）に拠ってプロイセンの立憲体制の未熟さを指摘した次の説明も、すべて取り除いてしまったからである。

然ルニ、普魯西ノ建国法ハ、政府之ヲ経始シテ、議士之ヲ修正シ之ヲ許諾スル者ニシテ、実ニ英吉利ノ純ラ民心ニ興リ、土俗ヲ宜シクスルカ如キニ非ス、故ニ人意造作ニ出ルコトヲ免レス。而シテ欠略スル所多ク又民心ニ涵濡スルコト甚タ浅シ。千八百五十年ノ後、猶ホ前慣ニ因襲シ、両院モ亦足恭ヲ以テ習トセリ。加フルニ、千八百四十八年ノ人物、政事ノ才ニ乏ク、而シテ又速成ヲ貪リ、竟ニ普魯西建国法ヲシテ欠陥百出ナルヲ致シ、後日官制権限ノ争、法ノ欠ニ生スル者多シ。

これらの記述は、いうまでもなく「模範国」プロイセンの威信を傷つけ、ドイツ学を勧奨する政府の方針をも大きく害なう。したがって、井上がそれらを削除したのは、法制官僚として当然の措置であったが、さらに、右に続く「但し、国民に付する所の私権に至ては、言語、著述、行動、来止、教授、礼拝の自由、名実完全して、民俗に浸潤すること、実に欧州に冠首たり」とする部分も、同様に削除されている。その理由は必ずしも明らかでないが、政変後の情勢を考えれば、少しでも自由民権論に加担するかのような記述はすべて削った方がよい、との判断が働いたとみることもできよう。

しかも、こうした改訂は、プロイセン憲法正文の訳でも、また各条に付された井上自身の「小註」でも、念入りに施されている。それは、細かな字句修正まで含めるとかなりの数に上り、中には「第十六条」に書き加えられた「以下三条、千八百七十五年六月十八日の法を以て之を廃したり」のように、誤った註記も散見されるが[4]、ここでとくに興味ぶかいのは、「人身ノ自由ハ保固トス」（五条）という場合の「保固」の語義に関する註である。

すなわち、その註釈は、「保固とは、大法の保障する所にして、確固不動、之を侵す者罪あり、侵さるゝ者、訴告の権あるを云」とするが、『王国建国法』時代の註記では、「訴告の権」ではなく、はっきり「抗拒の権」としていた。この語は、のちに述べる井上の憲法説明草案で再び出現するが、かなり強い意味をもつその語に代えて「訴告の権」と解説した点にも、井上の軌道修正の跡を窺うことができよう。

なお、住居の不可侵（六条）に関する註記の末尾には、前条をも受ける形で、「人身自由、住居不侵の二節、治罪法の大則たり」という一文が見える。この一文は、これまでの例と異なり、『王国建国法』と『孛国憲法』との間にまったく違いがない。その意味で逆に注目されるところであるが、それは、井上がその畢生の大著『治罪法備攷』の中で、フランスの法律家の言に托しつつ、「各国建国法、首めに人身の自由、家宅不侵を説く、蓋し二つの者は民権大義[5]」をなす（上篇第一巻第四章）との認識を示していたことに、ぴったり符合するのである。

この認識もまた、のちの憲法説明草案において見出されるが、次に、それが現れる本格的な憲法起草過程を検討することにしよう。

三　明治憲法の制定と抵抗権

一八八六年（明一九）秋の本格的な調査立案にはじまり、井上毅の「乙案」「甲案」から、いわゆる夏島草案・十月草案・二月草案などを経て上奏され、枢密院諮詢へと至る明治憲法起草過程では、馴染みの外国人法律顧問H・ロェスラーやA・モッセの答議類などを含めて、抵抗権に関する規定はまったく見当たらない。そのため、本稿冒頭で述べたような状況も生まれたのであるが、これまでの論述が示唆するように、そのことは、必ずしも、憲法起草者が抵抗権の観念を知らず、あるいはそれをことさら無視しようとしたことを意味しない。むしろ、憲法起草グループの中心メンバーである井上毅などは、自らの法制官僚としての立場を自覚しつつ、常にそれを意識してきたということすらできるのである。

すなわち、憲法起草主任の井上は、上奏時の憲法草案の説明に資すべく、全六章八十二カ条からなる十月草案を対象として、逐条註解的な説明文を起案した（明治二二年一月下旬—二月上旬）。國學院大学図書館に架蔵されている井上毅の遺文書「梧陰文庫」には、その精力的な作業の跡を示す史料が多数現存しているが、（6）そのうち「臣民権利義務」の各条に註記を施し「一月二十二日定」とした説明稿本「第二」——これは「天皇」を扱う「稿本第一」（梧陰A八三）とともに綴じてある——には、住居不可侵の規定（十月草案二九条）に関して、次のような説明文が末尾に記されている（墨修正後のもの。本稿筆者が適宜句読点を付した）。

官吏不法ノ侵犯ヲ抗拒スルハ、正当防衛トナスコトヲ得。此レ固ヨリ法理ノ是認スル所タリト雖、其ノ正当防衛タルト否トハ一ニ其事状ノ曲折ニ関係シ、必然ニ法官ノ裁断ヲ仰カザルコトヲ得ズ。而シテ或ル国ニ於テ憲法又ハ法律ニ之ヲ明言スルカ如キハ翻テ臣民ノ為ニ危険ナル結果ヲ招カシムルコトヲ免レズ。欧州刑法学者ノ説ニ曰、官吏ノ不法ニ依リ損害ヲ被リタル者ハ、強力ニ倚テ以テ其回復ヲ要ムヘカラズ。宜シク裁判所ニ訴ヘテ以テ之ヲ要ムヘシト。

ここでは、結果的に、国民による「強力」の行使は否定され、この後さらに「此の言理の当を得たりとすべし」との朱筆まで加わっている。それにしても、『王国建国法』時代を想起させる「抗拒」の権利が「正当防衛」論の形で出現している点は、先にみた軌道修正にもかかわらず、なお井上の頭から抵抗権的な思考が離れなかったことを示すものとして、注目しなくてはならない。井上は、人身の自由を謳った十月草案第二十六条の説明でも、この「正当防衛」に言及しているのであり、かつて自ら「民権大義」と評価した人身の自由・住居の不可侵の二カ所でその語を用いている点は、きわめて印象的である。

さて、憲法起草グループは、二月草案以降も検討を重ね、四月下旬に全七章七十六カ条の上奏案を確定したが、これが同時に枢密院への諮詢原案となり、井上の起稿に係る説明文も、条文本体とともに印刷に付された。そして、六月中旬以降、皇室典範に続く第二案件として、枢密院はいわゆる憲法制定会議を開くことになる。

この時、その後少し表現が改められた右の住居不可侵規定は、諮詢原案の第二十五条となっており、その説明も多少改訂されていた。けれども、ここで問題とする部分は、冒頭が「臣民官吏不法の侵犯を抗拒するに当り其の正当防衛たると否とは主ら其事状の曲折に関係するを以て故に必然に」云々となり、「裁判所」を「法廷」とした程度で、その趣旨にはまったく変化がない。本稿の冒頭で紹介した故稲田正次教授の「抵抗権について言及している」との興味深い指摘は、正しくこの点をとらえたものであった。

憲法第一審会議は、ときに逐条説明にも論及する形で七月中旬まで続けられた。問題の住居不可侵の規定原案は、その中で、審判手続に関連する他の条項とともに小委員会に付託され、枢密院本会議では、小委員会による修正案を含む字句修正を施されたうえで可決されるが、残された公式会議録をみる限り(7)、右の説明部分に関して議論が行われた形跡はとくにない。その後、枢密院は、議院法・貴族院令などの検討を進めるが、憲法に関していえば、再審会議（二二年一月一六日）、第三審会議（同月二九日―三一日）および二月五日の「最終調整会議(8)」を経て帝国憲法正文をすべて確定し、二月十一日の憲法発布式にいたることになる。

四　『憲法義解』成立過程における抵抗権思想

万事上首尾のうちに終了したかに見えるが、憲法説明に出ていた抵抗権の問題は、むしろここから山場を迎える。というのは、まず、皇室典範・憲法の制定後にその説明書を公表することは、典範審議の時に既定方針とされていた。そのため、原案起草者である井上毅は、早くも第一審会議の終了前後から、伊藤の意見を参考にしつつ、憲法説明全体について再検討を開始しているが、現存の「梧陰文庫」中の枢密院審議に関する一史料（A九〇）には、その跡がはっきり認められる。

それは、本稿で問題とする「臣民官吏不法の侵犯を抗拒するに当り其の正当防衛たると否とは」云々と述べる住居不可侵の説明についても、同様である。すなわち、その説明文の後半部分は、「而して或国」を「彼の或国」と変えただけで他に加削はないが、その冒頭に関しては、「正当防衛のこと説明不足なるを覚ゆ」（鉛筆）なる伊藤のコメント――これは、伊藤博文も抵抗権的な思想を全面的に否認する姿勢をとらなかったことを示唆する――に応える形で、井上は、次のように書き改めた。

（附記）以上各条、市民ノ為ニ不正ノ侵犯ヲ防護ス。而シテ臣民ニシテ官吏ノ侵犯ヲ抗拒スルハ、又必其ノ不正タル明白ニシテ他ニ回復スヘキ塗ナキ場合ニ限リ始メテ正当防衛タルコトヲ得ヘシ。

これは、井上がなお「抗拒の権」の思想を保持していたことを窺わせるが、憲法説明に関する再検討は、枢密院の再審会議後、憲法正文が確定する前後に大詰を迎えた。この時点で、「私一己の私著の体」で公にしたいとの井上の希望は拒否され、その起案にかかる憲法説明は、共同討議による再審査に付したうえで、枢密院議長・伊藤博文の名で公表されることに決まった。したがって、井上による再検討も、その共同審査会にかける台本の作成という意味をもつことになる。右の「附記」も、「……抗拒するは、又必其の不正の極度に達し回復塗なきの場合に限り」云々と少し改められたが、この時、井上は、その「附記」全体を――のちの『憲法義解』にみられる体裁であるが――「一段下げに写せ」と指示していた。

しかし、この指示は実行に移されなかった。というのも、共同審査用の説明稿本（梧陰B一二二、B一二四）は、右の井上毅の指示が示すように、ここで拠り所とした史料（同A九〇）における墨・朱修正を受けて作成されたもので、かつ共同審査会の討議にかけられた印刷本（同B一二一）の原稿という位置をもつが、井上の自筆で表紙に「二月八日校」と誌されたその説明稿本（B一二四、第五十六条まで所収）をみても、住居の不可侵を定めた憲法第二十五条の箇所には、本稿が注目している「附記」部分は存しないからである。

しかも、注意ぶかく観察すると、その部分がそっくり切除され、別の罫紙がそこに貼ってあることが判るが、この説明稿本の本体は、すべて井上以外の複数の筆写にかかるもので、どうして井上の指示がそのまま生かされなかったのか、その事情はよく分からない。ともかくこれによって、住居の不可侵の保障と連動させてきた井上の抵抗権論は、姿を消してしまった。

これは、しかし、決して抵抗権の思想それ自体が消滅したことを意味するものではない。というのも、実は、右の共同審査用説明稿本の他の箇所において、むしろ明確な抵抗権論が展開されており、その部分は「共同審査会」原本（梧陰Ｂ一二一）でも、そのまま印刷に付されている、という重要な事実があるからである。

すなわち、明治憲法第二十九条は「日本臣民ハ法律ノ範囲内ニ於テ言論著作印行集会及結社ノ自由ヲ有ス」とするが、共同審査用説明稿本（梧陰Ｂ一二四）は、枢密院審議以前の井上「説明稿本」以来存した、文字どおりの言論・出版・結社等の自由に関する註解を示したのち、次のような長文の抵抗権論を付加している（句読点は本稿筆者による）。

第二十二条ヨリ本条ニ至ルマテ各人自由ノ権ヲ列挙ス。蓋憲法上ノ自由ハ各人既存ノ重権ニシテ、此ノ重権ヲ干犯スル者ハ刑法治罪法ノ赦サヾル所ナリ。抑々各人官吏ノ干犯ヲ受クル者、抵抗ノ権アリヤ否ヤノ問題ハ、法家至難ノ論点タリ。仏国千七百八十九年ノ人権宣言ニハ英国ノ論理ヲ取リ、此ヲ以テ天賦権利ノ一トシタリシモ、千七百九十五年ニ於テハ之ヲ削除シタリ。

白耳義ニ於テ千八百三十年憲法ヲ議定スルニ当リ、議員抵抗ノ権ヲ掲ケテ一条ト為サムコトヲ発議スル者アリシニ、審査委員ハ其ノ原理ヲ認メテ而シテ仍其ノ之ヲ憲法ニ掲クルノ危害アリテ要用ナキコトヲ宣言シ遂ニ多数ノ協賛ヲ得テ之ヲ削除シタリ。仏国ノ大審院ハ、千八百二十四年九月三日ノ判決ニ於テ宣告シテ曰、法律ヲ主持スルノ職任アル公権ノ有司ハ法律ヲ貴重シ及法律ニ従ヒ運動スル者トスルハ法律上ノ推測ナリ。公権ノ有司ハ其ノ公権ヲ施行スルニ付、不法ノ処分ニ対シ責任ヲ負担スヘシト雖、人民ハ此レカ為ニ国民法ニ遵フノ大義ヲ破ルコト能ハス。明白ナル反証アルマテハ正当ノ権力アリトシテ法律上ニ推測スル所ノ官吏ノ処分ニ対シテハ、暴力ヲ以テ抵抗スルコトヲ得スト云ヘリ。蓋官吏ノ干犯ヲ受クル者ハ法司ニ訟フヘクシテ、力ヲ以テ抵抗スヘカラサルヲ謂ヘルナリ。

むろん、論調は抵抗権の思想に対して否定的であるが、このように「抵抗の権ありや否やの問題」を、「天賦権利」に言及しつつ、本格的に論じている点で注目されよう。しかも興味ぶかいことに、右の抵抗権論はその前後の筆跡とは明らかに異なっており、他のいくつかの条項に対する修訂と同様に、その部分が新規に起稿され、挿入された事実を示している。(9)

では、それをとくに第二十九条に付加した点については、どう考えるべきであろうか。この点については、右の「第二十二条より本条に至るまで」云々という冒頭の文章が示唆するように、居住・移転の自由に関する第二十二条の説明が、「以下各条は臣民各個の自由及財産の安全を保証す」との総論で始まり、「彼の仏国の権利宣言に謂へる所の天賦の自由は他人の自由に妨げざる限り一の制限を受けざるの説」に言及し、これを「妄想の空論」として却けている点に対応し、いわば権利宣言の総括を行なったものと理解することができよう。

衆知のように、その後、病気療養中の金子堅太郎を除く憲法起草グループのほか、穂積陳重・末岡精一などの法科大学教授も交えて開かれた共同審査会において、右に掲げた長文の抵抗権論は、すべて抹消されてしまった。それを誰が発議し、また、その真意がどこにあったかは、その審査記録がない以上、とうてい知る由もない。ともかく、その結果、公刊された伊藤博文『憲法義解』は、抵抗権の考え方に言及する部分をまったく含まず、本稿冒頭で述べたように、明治憲法の成立過程に関して、それが抵抗権の思想とはまるで無縁のうちに推移したかのような理解が流布することになったのである。

けれども、本稿で辿ってきたような憲法制定過程におけるその系譜を改めて眺めてみれば、そうした見方には充分な根拠がないということが判明するだろう。もちろん、だからといって、明治憲法の権利宣言がその実効的保障という点で充分でなく、その意味で「外見的人権宣言」であった、と評価することに異論があろうはずはない。ただ、抵抗権の規定がなく、明治憲法の半官的解説書もそれを述べていないことは、必ずしも、その思想の無視ないし排斥を意味するわけではない、ということを言いたいのである。

かつてともにフランスに学び、やがてフランス派民権論の雄として鳴らした中江兆民が、死を前にして著した『一年有半』（明三四）の中で、六年前に他界した井上のことに二度ふれ、「近時我邦政事家井上毅君較や考ふることを知れり」といい、「真面目なる人物、横着ならざる人物、ヅウヅウしからざる人物」と讃えたことは、よく知られている。この評は、以上に述べたような、政治の渦中にあって法制官僚としての智略によりつつ自らの思想を示そうとした井上の姿勢と、まったく無関係であろうか。興味ある問題といえよう。

(1) いわゆる憲法起草グループの成立については、大石眞『日本憲法史』(有斐閣、一九九五年)九一―九二頁参照。
(2) 木野主計・前掲『井上毅研究』「序文」四頁。
(3) 『王国建国法』『孛国憲法』は、いずれも前掲『井上毅伝〈史料篇・第三〉』に翻刻所収(前者は四二二頁以下、後者は五〇四頁以下)。
(4) いうまでもなく、一八七五年六月法律によって廃止されたのは、第十五条・第十六条・第十八条の三カ条である。
(5) 前掲『井上毅伝〈史料篇・第三〉』一三〇頁参照。
(6) 梧陰文庫目録番号で表すと、A六五・同六六・同八三・同一〇三・同一〇四などがそれである。
(7) 参照、国立公文書館所蔵『枢密院会議議事録〈第一巻・第二巻〉』(東京大学出版会、一九八四年)。
(8) その意味については、大石・前掲書一九六頁以下参照。
(9) その起稿参考資料については、稲田『明治憲法成立史』(下巻)八六四頁参照。

II　隠れた政府顧問「ブロック氏」

はじめに

日本の近代国家の建設に際して、明治政府は、さまざまな分野において多数の「お雇い外国人」を登用し、彼らから実に多くの教示を得、これを縦横に活用したことは、広く知られている[1]。憲法及び皇室典範をはじめとする各種法令の制定についていえば、とくにE・ボアソナード、H・ロェスラー、A・モッセといった人々の存在は大きかったが、これら来日組の外国人法律顧問に加えて、L・シュタインのような在外公使館附のお雇い外国人もいて、政府要路者に数々の助言を行なっている。

もちろん、日本の当局者や知識人に欧米の近代的な法制度を教示したのは、こうしたお雇い外国人だけではなかった。彼らにとって、モンテスキューやルソーなどの古典はもちろん、ミルやスペンサーなどの著作が立憲政治のあり方を示す指南書であったことは言うまでもないが、さらに同時代の幾人かの法政理論家も有益な助言者であり、その著述は貴重な思想的栄養源になった。その筆頭格は、おそらく、初め加藤弘之によって紹介され、のちに十四年政変と相前後して結成された独逸学協会の主力メンバー、とくに平田東助によって訳出されたJ・C・ブルンチュリの主著『国法汎論』であろう。

実際、明治典憲体制の立役者、井上毅の遺した夥しい書類には、「ブロンチュリ氏」が再三登場するが、その他R・グナイストやH・シュルチェなどもよく参照されている。

これらの人物は、その代表的な著作を通じて日本に近代的な法制度や法思考の導入に大きく貢献したという意味で、いわば隠れた政府顧問であり、お雇い外国人に劣らぬ重要な役割を果たした。しかも、その著作は、当局者に独占されたお雇い外国人の答議類と異なって、体制を形成する側の論拠となっただけでなく、体制批判派の武器としても用いられたということは、記憶に留められるべきである。その意味で、隠れた政府顧問は、同時に、いわゆる民権派の助言者でもありえたわけである。こうした二面性をもつ「書かれた準拠理論」(2)の一人として、フランス人ブロックがいる。

編集の名手ブロック

今日、モーリス・ブロック（Maurice Block, 1816-1901）のことを記した書物は、日本にはもちろん、フランスでもほとんど見当たらない。だが、彼は数多くの業績を残した経済・統計の専門家であり、財政制度に詳しい公法学者ガストン・ジェーズの評によれば、「一九世紀末までのフランス行政制度の唯一の参考図書」として非常な成功を収めた『行政事典』、一世を風靡した『国政事典』の編著者でもあった。干渉主義に反対した自由経済論者としてのブロックの学説史上の地位については、私はまったく不案内であるが、両事典が近代国家建設期の日本で重宝されたことは、後述の通りである。

ベルリンに生まれたブロックは、父親が仕事でパリに居を構えた関係から、幼少時代をフランスで過ごしたが、のちドイツに赴いて、ボン、ハイデルベルク及びチュービンゲンで五年間学ぶうちに、統計学・経済学に興味を覚えるとともに、外国語、とくにフランス語と英語を修得している。その語学力は母国語並みだったというから、不得手な私など羨ましい限りであるが、彼は、フランス農商省統計局に勤務し始めてから四年後に帰化し（一八四八年）、得意の語学力をも生かして頭角を現したのち、産業奨励協会理事に就任し（一八五六年）、この頃から優に四十冊を超える彼の旺盛な著作活動が始まった。そして、一八八〇年にはフランス学士院会員に選ばれている。

多くの統計・経済関係書を著したブロックは、また、敏腕のオーケストラ指揮者にも喩えられる編集の達人でもあった。実際、彼の名が世に広く知られるようになったのは、その編著にかかる前記『行政事典』『国政事典』によるところが大きいと言われる。まず『行政事典』（*Dictionnaire de l'administration française*, 初版＝一八五六年）についていえば、右に引いたG・ジェーズの言葉にその評価は表れているが、生前すでに四版を重ね（一八九八年）、その分量は初版に較べて七百頁ほど増えて二千四百頁近くに達したという事実から、また、行政に関心をもつ人々すべてにとって二世代にわたる古典的な必携書であった点からも、その大きな成功を知ることができよう（ブロック死後の一九〇五年に五版が出ている）。

一方、全二巻の『国政事典』（*Dictionnaire général de la politique*, 初版＝一八六三〜六四年、二版＝一八七三〜七四年）には、その多彩で豪華な顔触れに驚かされる。このこと自体ブロックの地位を物語るようであるが、いま第二版を繙いてみると、たとえば「第三身分」の項でF・ギゾー、「一八三〇年の革命」でデュヴェルジエ・ド・オーランヌ、「刑法」その他についてF・エリィといった大御所の協力を仰いだほか、ブロックとほぼ同世代のJ・シモンには「自由」「義務」その他を、C・ジュグラーには「通商危機」をそれぞれ担当してもらい、彼より若いP・ジャネ、A・バットビィを、それぞれ「政治」、「行政」「市町村」などの専門事項に登用するといった具合である。むろん、「協力者リスト」には外国人もいて、先に言及した国家学のブルンチュリ（「法律」を執筆）や、経済学者W・ロッシャーなどドイツ系の人々、イギリスのブルーハム卿、ノースコート卿など、錚々たる人物が並んでいる。

ただ、このリストには不審な点が幾つかある。というのも、「コンセイユ・デタ」の項を書いたE・ラフェリエールの名が記載されていない一方、われわれに馴染み深いグナイストは、リストアップされてはいるものの、私の調べた限りでは、全二巻総計二千三百頁余の中に全く登場しないからである。(3)

もう一つ気になる点がある。というのは、リストには「江戸のコンセイエ・デタ」としてNISHIOKAなる一人の日本人の名が刻まれているが、彼が担当した「日本」の項をみるとIOUKI NICHIOKAと表記されている。ブロックが『国政事典』改訂版の編集に取り掛かった時ちょうど各国巡視団に加わり渡仏していた左院議官、西岡逾明の署名を誤読したのでもあろうか。

「ブロック氏」と明治国家

ブロックの名は、ドイツの碩学「普羅克」の一著書を抄訳するという形で刊行された加藤弘之『西洋各国盛衰強弱一覧表』（一八六七年、慶三）で紹介されたが、のち岩倉使節団がパリに「高名なる経済学士」「プロフェッソル、モリス、ブロック氏」を訪ねるに及んで、広く日本当局者に知られるようになった。[4] そして、岩倉の帰朝後まもなく、わが西岡も寄稿した『国政事典』第二版が完成すると、政府は早速これを購め、先の『行政事典』とともに大いに利用したようである。実際、両原著は国立公文書館所蔵の内閣文庫に収められており、その「翻訳類纂」には、参事院での初期調査の跡を示す両事典からの訳稿が約十点現存している。

しかし、井上毅ほど両事典をよく活用した人物はいないだろう。人の知るように、井上は、明治国家形成の「たぐい稀なグランドデザイナー」[5] として活躍したが、國學院大学図書館に架蔵された「梧陰文庫」と呼ばれる彼の遺文書には、多くの場合「ブロック氏」と朱書され、自ら訂正を施した訳稿が二十数点も見出される。しかも、その参照の度合いは「ブロンチュリ氏」以上で、利用期間も長きにわたっている。

いま一例を挙げれば、「憲法参照」なる史料は「憲法制定権」と題する訳稿を収めているが、これは『国政事典』第二巻の《Pouvoir constituant》を「十四年七月二日　起稿」したもので、井上はこれを「二十年一月三日」に再閲したと記している。《Charte》を摘訳した同史料中の「勅定憲法考」も、これと同じ時期、つまり岩倉意見書を作成した時に利用されたと考えられるが[6]、このほか『国政事典』からの訳稿だけでも、以下のような材料を井上が熟読していたことは明らかであって、中には訳者を明記した史料すらある（注、《　》内は『国政事典』原文の項目名と執筆者を示す）。

「予算」　《Budget, *Casimir Fournier*》

「民権及政権」　《Droits civils et politiques, *Gaston de Bourge*》

「外民　陸実訳」　《Étranger, *Eugène Paignon*》

「紙幣論　大森鍾一訳」《Papier-Monnaie, *L. Wolowsky*》

「議院参照　選挙説」《Élection, *H. Helbronner*＝*L. Smith*＝*J. Poezl* etc.》

右のうち、「予算」には「モーリース、ブロック著　政事字典　一八八四年再版」から採ったことが明記され、また百十五枚もの罫紙を綴じた「モールス、ブロック氏　選挙説」には、「二十年八月上旬在金沢　繙閲」なる井上の朱書があって注意を引く。ともあれ、右に示したように、これらの史料はいずれも「ブロック氏」の記載をもつものの、その正体は複雑であって、訳出された事項をみる限り編著者自らが執筆したものはほとんどないのである。ただ、先の「憲法制定権」「勅定憲法考」のみは、正しくブロック自身の執筆にかかるものである。

これに気付くと、逆に、梧陰文庫中の「ブロック氏」名以外の書類にも、実は、『国政事典』からの訳稿があるのではないかと気になってくる。はたして、先の「協力者リスト」に注意しつつ彼此対照してみると、次のごとき文書も『国政事典』からの摘訳に他ならなかった。

「宗教雑纂　政府及ヒ教会　ミシエル、ニコラス氏ノ説」《Cultes, *Michel Nicolas*》

「世襲財産ノ部　エミール、シェイジョー誌」《Majorat, *Émile Chédieu*》

ブロック編『国政事典』と井上毅との関係については、さらに注目すべき事実がある。というのは、井上は、未だ司法省七等出仕であった一八七四年（明七）八月、「仏国諸学士の書を参伍し加ふるに目聾耳聞する所を以て」編纂した『治罪法備攷上編』を刊行したが、この時すでに、右の『国政事典』（おそらく初版）を有力な拠り所としていたのである。すなわち井上は、そこで「家宅不侵」とともに「民権ノ大義」を形づくる「人身自由」を説くに際して「カシミル、フルニエ氏」に依拠するとともに、「英国人身保護令」について「ルイ、コタル氏」の解説を付したが、いずれも左に掲げる『国政事典』の項目からの摘訳であることは、これまた原文との対照によって明らかである。

「人身自由」　《Liberté individuelle, *Casimir Fournier*》

「英国人身保護令」　《Habeas corpus, *Louis Gottard*》

このように、井上はきわめて早い時期から「ブロック氏」を実に有効に利用していたわけであるが、その姿勢はずっと変わらなかった。そのことは、例えば、明治憲法制定後に刊行された『内外臣民公私権考』において、「モーリス、ブロック氏云」として、ブルジュの執筆した前記「民権及政権」を引いている点からも知られる。その意味で、ブロック編『国政事典』は、たんに明治典憲体制の成立期に各方面で活用されたというだけでなく、二十有余年にわたる法制官僚井上毅の歩みにとっては、文字通り、座右の書でもあったということができよう。

（1）梅渓昇『お雇い外国人――明治日本の脇役たち』（日経新書、一九六五年）参照。
（2）山室信一『法制官僚の時代』（木鐸社、一九八八年）参照。
（3）これに関係するのかどうか断言できないが、一八八四年に出たその第二刷では、R・グナイストの名は「協力者リスト」から削られている。
（4）参照、久米邦武編『米欧回覧実記(3)』（岩波文庫、一九七九年）。この時、税法の講説も受けている。
（5）木野主計『井上毅研究』（続群書類従完成会、一九九五年）序文。
（6）稲田正次『明治憲法成立史〈上巻〉』（有斐閣、一九六〇年）四六五頁以下参照。

III　伊東巳代治と明治典憲体制
——伊東巳代治関係文書について——

1　法制官僚・伊東巳代治の足跡

一　伊東巳代治（一八五七〜一九三四年）は、一八八二年（明一五）春から約一年間にわたって行われた伊藤博文を特派理事とする欧州憲法調査に随行して以来、井上毅（一八四三〜一八九五年）などとともに明治憲法・議院法等の制定に参画したのち、枢密院書記官長・枢密顧問官・貴族院議員・法典調査会委員・帝室制度調査局副総裁・帝室制度審議会総裁などの要職を歴任し、常に伊藤に影のように寄り添いながら、憲政の舞台裏にあって活躍した法制官僚の一人である。

その足跡と功績については、伊東歿後四年経って出版された晨亭会世話人、栗原広太の編集にかかる『伯爵伊東巳代治』上下二巻（一九三八年）が、詳細に記録している。したがって、伊東の歩んだ道に関しては同書を参照していただくこととし、ここでは、私がとくに関心をもったところを中心にその行動を振り返り、併せて関連する文書の意味について多少の検討をしてみたい。

長崎生まれの伊東は、八歳の時からすでに、地元の伝習所において、オランダ人宣教師フルベッキ

（ヴァーベックともいう）、次いでアメリカ宣教師スタウトに就いて英語を学んでいるが、十七歳の時に神戸に移り住み、兵庫県の翻訳官となった。以来、語学の才能に一層磨きをかけることになるが、後年外国人との問答を英語で筆記し、『憲法義解』の英訳をも担当するほどの伊東の語学力は、こうして築かれたわけである。

一八七六年（明九）の初冬、伊東は東京に赴き、前兵庫県令・神田孝平の邸に仮住まいをする。そして、この年の末に初めて参議伊藤博文の面識を得ているが、この時、伊藤は三十六歳、伊東は若冠二十歳であった。

伊東が法制官僚として出発するのは、おそらく、いわゆる明治十四年の政変の直後に設けられた参事院の議官補に任ぜられてからである。そして伊東は、右に述べたヨーロッパにおける伊藤博文の憲法調査にあたって、L・シュタイン、R・グナイスト及びA・モッセの講述したところを記録するという役割を務めた。帰国後、その成果は「斯丁氏講義筆記」「莫設氏講義筆記」などの形でまとめられたが、こうした作業をとおして、伊東が西欧の憲法制度について多大の知識を得たであろうことは、容易に想像できる。

伊東は、帰国後の明治十六年十一月、伊藤参議の秘書官に任ぜられた。これ以後、金子堅太郎（一八五三〜一九四二年）とともに、官制改革に伴う伊藤の地位変化に応じて、まず内閣総理大臣秘書官（一八年一二月）、次いで枢密院の設置に伴う伊藤の枢密院議長就任と同時に、その秘書官（二一年四月）となった。この間、宮内省図書頭を経て法制局長官となる前述の井上毅を中心にした憲法制定作業に深くかかわり、いわゆる憲法起草グループのメンバーとして、法制官僚としての活動を本格的に行うようになる。

一八八六年（明一九）二月に勅定された公文式への関与は、その手始めといってよいが、なかんずく、憲法及び議院法といった基本法典の起草過程において伊東が果たした役割には、きわめて大きいものがある。実際、この事実を裏づけるように、伊東の遺した文書には、井上毅のそれ——これはとくに「梧陰文庫」と呼ばれる——に匹敵する各種の重要な憲法・議院法の草案が見られるが、さらに憲法制定直後、伊藤が各所で行なった憲法に関する演説の草稿やその筆記も数多く見出される。

伊藤議長の秘書官だった伊東は、また、金子堅太郎とともに枢密院の主任書記官という役を担っている。ということは、一八八八年（明二一）五月八日から始まった同院における皇室典範以下の各種基本法典の審議の模様を記録する責任者であって、時には、書記官長・井上毅に代わって、原案の趣旨説明を行う報告員を務めることもあった。とくに、伊東は、同年九月中旬から始まった議院法の審議中ずっと主任報告員を務めているが、これは、実質上、伊東が議院法案の起草主任であったことによる。

翌二十二年五月十日、伊東は、井上の後任として枢密院書記官長に任命された。そして六月十日に始まった裁判所構成法の審議の時から、直ちに報告員として活躍しているが、三年余りその地位にあった後、内閣書記官長に転任することになる（二五年八月）。

こうした関係から、伊東の遺した枢密院会議筆記の中には、皇室典範・憲法・議院法・選挙法に関するものがあるのは当然として、その書記官長時代に制定された集会及政社法（明治二三年法律五三号）や、「命令ノ条項違犯ニ関スル罰則ノ件」（同年法律八四号）に関する会議筆記なども含まれている。

伊東はさらに、伊藤の秘書官として、その度重なる国内外の出張にもほとんど欠かさず随行し、ずっとその傍らにあった。したがって、当然、伊藤の許に送付されてくる各種の機密情報に接し、重要案件の処理にもかかわりうる立場にいた。こうして、伊東巳代治は、たんなる法制官僚の枠を越えて、次第に政略家としての顔をもそなえていくことになるが、この動きが表面化するのは、おそらく憲法制定後のことであろう。

衆知のように、憲法制定後まもなく、いわゆる大隈条約改正案をめぐって政局は大混乱に陥った。この時、枢密院書記官長であった伊東は、前外相で当時農相であった井上馨の命により、その収拾策を起稿している。これは「将来外交の政略」と題する閣議書（明治二二年一二月一〇日）につながるものであって、大隈条約改正案の挫折によって傷ついた政府の条約改正方針を改めて確立するのに大きく貢献し、山県内閣及び外相青木周蔵による条約改正の動きへとつながっていくことになる。

かつて歴史家・深谷博治は、名著『初期議会・条約改正』（白揚社、一九四〇年）において、この時の模様を詳しく叙述しつつ、「元来伊東は一生を影武者として終始した観あり、ためにその功績も未だ十分世人に認識されてゐない憾みがあるけれども、その明治中期以降の政治・法制・外交上に果した裏面の業績は頗る大きい」と記したことがある（一四三―一四四頁）。この批評はきわめて的確だと考えられるが、今日でもなお、伊東巳代治に対する憲法史的な評価は、例えば井上毅のそれと比較した場合、必ずしも十分とはいえないものがある。(1)

二

憲法起草グループの主役・井上毅は、早く病死してしまったが（明治二八年三月）、その後伊東は、まず、枢密顧問官に任ぜられるとともに、皇室制度の整備のため宮中に設けられた、伊藤博文を総裁とする帝室制度調査局の御用掛となっている（三二年九月）。

けれども、病を得てまもなく同職を辞し、その四年後、改めて土方久元の後任として同局副総裁となった伊東は、それまで停滞しがちであった帝室制度調査局の事業を積極的に推し進め、法令の形式を統一すべく公文式の全面改正をはかると同時に、皇室部内の準則を内外に告知するため、新たに「皇室令」なる形式を採用することとし、これを国民一般に公布すべきものとした。その成果というべきものが、明治四十年二月、帝室制度調査局の廃止直前に制定公布された公式令（同年勅令六号）及び皇室典範増補である。

これにより、皇室典範の改正のみならず、「皇室典範ニ基ツク諸規則、宮内官制其ノ他皇室ノ事務ニ関シ勅定ヲ経タル規程」である皇室令も公布されるようになった。この点については、しばしば、憲法起草者が抱いていた皇室家法観、すなわち伊藤博文『皇室典範義解』の表現によれば、「皇室典範は皇室自ら其の家法を条定する者なり。故に公式に依り之を臣民に公布する者に非ず[2]」とする考え方を根本から覆す意味をもつことが指摘されるが、伊東によれば、これは「我公権の沿革により自然に定まれる関係に立戻」ったにすぎない、という。

帝室制度調査局の廃止後も、約一年間、伊東はその残務取扱を命じられているが、かつて公文式の制定に関与し、憲法・皇室典範の制定に深く関わった伊東は、こうして再び皇室制度の整備に大きな貢献をした。このことは、伊東が、井上亡き後、明治憲法体制の立役者として、その運営に対してもっていた強い使命感を示すものといえよう。その後、帝室制度調査局の成果を生かす形で、登極令・摂政令・立儲令など一連の皇室令が制定されたことは[3]衆知のとおりで、明治典憲体制下の皇室関係法令は、これによってほぼ整備されることになる。

韓国併合に先立つ一九〇九年（明四二）十月、前韓国統監で当時枢密院議長であった伊藤博文が暗殺されるという事件が起こったが、これ以後、伊東巳代治は、自他ともに「憲法の番人」をもって任じるようになった。その地位は、国務大臣の礼遇を与えられた事実（大正六年六月）にも示されているが、ここに「憲法の番人」とは、明治憲法起草者の場合、政党政治や政党内閣というものに対する、多かれ少なかれ敵対的な姿勢を意味する。伊東のそうした傾向をよく示すものとしては、陪審制度の立法化を党議として決定した政友会の原敬内閣が、一九二一年（大一〇）一月に、枢密院に対して、臨時法制審議会の答申ののち、司法省陪審法調査委員会により起草された陪審法案を諮詢した時の対応ぶりがあげられよう。

この時、枢密院は、金子堅太郎・一木喜徳郎・有松英義・倉富勇三郎など九名の委員からなる陪審法案審査委員を選出し、委員長には伊東巳代治が選ばれた。だが伊東は、もともと、陪審員の選定方法が「政党の余弊を司法行政に及ぼす」として陪審制度に対して懐疑的であり、金子・有松とともに、とくに司法権の独立との関係からも陪審法案の内容を問題視していたから、法案の審査には積極的でなかった。その結果、原内閣の懸案だった陪審法案は、第四十四回帝国議会の閉会（大正一〇年三月二六日）と同時に、枢密院において審査未了として葬り去られたが、その直後、原首相は「陪審法案遂に枢密院委員会に於て握潰せしは、畢竟委員長伊東巳代治の小策なり」と強く非難している。

もちろん、衆知のように、陪審法案はその後かなりの修正を施され、原内閣の試みから二年後の加藤（友）内閣の時、すなわち第四十六回帝国議会の閉会前に可決され、公布されるに至った（大正一二年四月法律五〇号）。この時、枢密院での事前審査に際してやはり修正法案の審査委員長を務めた伊東は、すでに、時勢と時代の要求とを考えて陪審制度を容認する態度に転じていたのであり、ここに伊東の「政治家としての立場」を窺うこともできよう(4)。

その後の伊東は、しかし、あまり表立った活躍をすることはなく、一九三四年（昭九）二月十九日、七十七年の生涯を閉じた。葬儀は、その三日後、築地本願寺で営まれ、現在その墓は、和田堀本願寺（東京都杉並区）にある。

2　伊東巳代治遺文書の意義

一　右のような経歴をもつ伊東巳代治の遺した文書には、当然のことながら、「書簡の部」を含めて、数々の貴重な第一次史料が所蔵されているが、ここでは、もっぱら「書類の部」に着目し、その主要な内容について述べることにしたい。

まず注目されるのは、先に述べた一八八二年（明一五）から翌年にかけての伊藤博文を理事とする滞欧憲法調査の成果である。これには、『行政学』で知られるオーストリアの碩学シュタイン（Lorenz von Stein, 1815–1890）による国家学の体系的な講義を記した「大博士斯丁氏講義筆記」（第一編〜第一八編）や、のちにお雇い外国人として来日するモッセ（Albert Mosse, 1846–1925）のドイツ実定国法学の講義を書き留めた「莫設氏講義筆記」（第一巻〜第一〇巻）その他がある。モッセは、「法治国論」で著名な国法学者グナイスト（Rudolf von Gneist, 1816–1895）の弟子で、グナイストが老齢を理由に伊藤一行への講義を断り、代わりに推薦した者であった。

「大博士斯丁氏講義筆記」(伊東文書目録番号四三)は、シュタインがウィーンで一八八二年九月中旬から十月末日まで行なった、合計十七回に上る講義の全記録である。その内容は、国王特権・政体の異同・立法部・政党・大臣責任・官制・自治制度・憲法・教育など広範にわたり、その説くところは、後年の憲法・皇室典範・議院法などの制定作業に強い示唆を与えるものであった。例えば、シュタインは皇位継承法・皇族に関する規定など皇室関係事項を憲法典から除外することを説いたが、これは前年井上毅の起草した岩倉意見書の構想を裏づけるものであったし、両議院の選挙法・議事規則などは憲法に掲げるべきでないとの主張も、のちの憲法体制を予期させるものがある。そして伊藤はシュタインに深く心酔し、彼を日本に招聘しようとしたが、後年、山県有朋・黒田清隆・谷干城など政府要職者による「シュタイン詣」が続いたことは、広く知られている。[5]

一方の「莫設氏講義筆記」(同右四五)は、伊藤が接したモッセによる最初の体系的なドイツ憲法学である。その内容は、プロイセン立憲政体沿革・王位継承・国民の権利義務・地方自治・行政・立法・司法・警察などで、これも広範なものであった。ただ、残念なことに、この国立国会図書館憲政資料室が所蔵する「莫設氏講義筆記」は、その第三巻ないし第六巻及び第九巻を欠いており、モッセ講義の全容は知ることができない。

とはいえ、伊東が遺したこの「大博士斯丁氏講義筆記」及び「莫設氏講義筆記」は、当時の憲法調査の実際を窺うことのできるほとんど唯一の現存史料として、きわめて貴重なものである。それらの内容は、戦前、清水伸『独墺に於ける伊藤博文の憲法取調と日本憲法』(岩波書店、一九三九年)によって初めて公にされたが[6]、この刊本には、原本にない句読点が編者によって施され、誤植も散見されるので、刊本の利用に際しては原本の体裁をよく確認する必要がある。

二　さて、時代および筆記の性質・内容は全く異なるが、伊東巳代治関係文書には、右と同様に重要な記録文書として、各種の「枢密院会議筆記」がある。衆知のように、枢密院は天皇の「至高顧問ノ府」として、一八八八年（明二一）四月末に設けられ、皇室典範・帝国憲法・議院法などを審議しただけでなく、その後も絶えず、各種の主要法令の審査に当たった一種の憲法保障機関であった。そして、例えば、議会提出に先立って枢密院に諮詢された政府原案が同院の承認を得られない場合、天皇による内閣不信任という意味合いをもつと考えられたのであり、明治憲法体制における枢密院の政治的地位は明らかである。

こうして、枢密院での審議は、たんに個別法令の理解だけでなく国政全般の行方にとっても、きわめて重要な意味をもつ。もちろん、その会議は制度上非公開とされたが、その模様は枢密院書記官の手で記録され、同院書記官長及び議長が確認するということが行われていた。その成果が「枢密院会議筆記」であって、現在、その大部分は国立公文書館に所蔵されており、近年では、それが東京大学出版会から『枢密院会議議事録』として原型に近い形で全巻刊行されるに至ったので、大変利用しやすくなった。

伊東巳代治関係文書中の各種「枢密院会議筆記」は、むろん、このような国立公文書館所蔵の包括的な記録と対等のものではありえないが、他方、国立公文書館所蔵の「枢密院会議筆記」とは異なる独自の価値をもつ史料を含んでいる。というのは、まず、伊東文書の「枢密院会議筆記」には、いわば正式な会議筆記と並んで、とくに皇室典範・憲法について、伊東自らの手に成る筆記原稿が存在する（目録番号三四～三六）。また、伊東文書には、先に述べた集会及び政社法（明治二三年七月）や「命令ノ条項違犯ニ関スル罰則ノ件」（同年九月）に関する「枢密院会議筆記」のように、右の『枢密院会議事録』には全く載っていない案件の会議筆記も見出される（目録番号三二四、一六九）。この二件は、既述のとおり、いずれも伊東の枢密院書記官長時代のもので、この辺りの事情を詳しく知るには、伊東巳代治関係文書に当たる必要がある。

なお、「命令ノ条項違犯ニ関スル罰則ノ件」については、伊東と法制局長官井上毅との間に激しい意見の対立があった。その関係史料は、したがって、伊東文書のみならず井上の遺した「梧陰文庫」にも相当現存していることに、十分注意しなくてはならない(7)。

同じく枢密院筆記の範疇に入るものとしては、「陪審法委員会会議筆記」（目録番号二九八～三〇一）もある。これは、後年伊東が枢密顧問官時代に陪審法案審査委員長を務めた時のもので、審査未了に終わった最初の諮詢時から帝国議会への提出を経て成立に至る第四回諮詢時までの審査経過（大正一〇年一月～同一一年一二月）を、ほぼ隈なく伝えるものとなっている。しかも、伊東巳代治関係文書には、伊東に強い影響を与えた枢密院書記官長・二上兵治の意見書（目録番号三〇八）及びその他の関係史料も数多く見出され、これらと相俟って、伊東関係文書の「陪審法委員会会議筆記」は、陪審法制定事情を考察するための必見の素材を提供するものといえよう(8)。

三　その後、伊東は帝室制度調査局の作業に従事するが、意外なことに、その副総裁となって積極的に事業を推進したこの時代における関係史料は、あまり多くない。もちろん、「公文式ノ改正ヲ要スル理由」（明治三六年九月、目録番号二〇八）や、「帝室制度調査局諸法案ノ事務処理ノ件」を記した伊東自身の覚書（明治三九年一二月、目録番号三五七）、それに、帝室制度審議会総裁となった後、摂政時代の昭和天皇に「帝室制度調査完成の経緯」を言上した御前講話筆記（大正一五年一〇月、目録番号一二六）などは、それなりに史料的意味をもっている。けれども、それらはすでに、本稿の冒頭で示した栗原広太編『伯爵伊東巳代治』下巻の中で大いに活用されているようなので、帝室制度調査局の作業については、これによって十分その全容を窺うこともできる。

ただ、右に言及した「公文式ノ改正ヲ要スル理由」にいう公文式（明治一九年勅令一号）に関しては、伊東巳代治関係文書の中に、他では見られない幾つかの貴重な史料が含まれているという事実を忘れることはできない。というのも、この公文式は、元来、立憲主義体制を創設するための前提として、それ自体、実質的な意味での憲法に属する重要な規定と考えられたが、伊東遺文書にはその草案に当たるものが数点見出されるのである。一連のお雇い外国人の意見草案類、つまりC・ルードルフ「御親翰ニ関スル意見」、H・テヒョウ「公文式意見書」及びH・ロェスラー「法律命令意見書」などがそれであるが（目録番号六四・六五・五六）、さらに伊東文書の中には、公文式公布の翌日、伊東巳代治がその制定趣旨について行なった「演説」まで遺されている（目録番号一二七）。これは、公文式の起草主任が誰であったかを示唆する史料であり、ここに法制官僚として地位を向上させてきた伊東の姿を見ることもできよう(9)。

この公文式を全面的に改正する形で、公式令が制定される（明治四〇年勅令六号）。そして、これが明治憲法下の統一的な法令公布制度の根拠となったのであるが、先にも述べたように、この公式令の制定は、伊東が副総裁となって陣頭指揮した帝室制度調査局の作業に由来する。公式令は、現在の日本国憲法の施行と同時に効力を失ったが、こうして公文式・公式令のいずれにも関わり、わが国の法令公布制度の発展に尽くした伊東の貢献には、きわめて大きなものがある。

なお、右に登場したお雇い外国人との質疑応答に際して、伊東の語学力が遺憾なく発揮されたことは言うまでもない。伊東関係文書の中には、前出の外国人意見書のほか、多くのロェスラー及びモッセの答議類が現存しており（目録番号四七～五七、五九～六二、六六・六七など）、伊東が直接その邦訳に当たったものも少なくない。もっとも、こうした外国人答議類に関しては、伊東遺文書よりむしろ、井上毅の「梧陰文庫」が、伊東文書中のものを含む形で夥しい史料を遺しており、これによってその全容を把握することができる。現に、ここには、すでに言及したロェスラー及びモッセのほか、E・ボアソナード、A・パテルノストロの各種答議など伊東文書にないものまで包括的に収められ、すでにそのほとんど全部が翻刻されている(10)。

四　伊東巳代治関係文書が最も光彩を放っているのは、何といっても、明治憲法の起草制定に関する一連の史料である。ここに憲法関係史料というのは、憲法体制全般を念頭に置いたものであって、しばしば誤解されるように、「大日本帝国憲法」という憲法典、つまり狭い意味での憲法――憲法学ではこれをとくに「形式的意味の憲法」と呼んでいる――のみを取り扱えば足りる、といった筋合いのものではない。明治典憲体制という表現からも知られるように、それは、たんに憲法典のみならず、これとともに最高法典とされた皇室典範、さらには議院法・選挙法・貴族院令などの各種の憲法附属法までを視野に収めたものでなくてはならない。われわれは、こうして初めて、憲法典それ自体の考え方も精確に理解できるのである。

このような憲法関係史料のうち、伊東遺文書の中心をなしていたのは、実は、狭い意味での憲法（「大日本帝国憲法」という憲法典）、それに憲法附属法の中でもとくに議院法及び憲法第六十七条施行法（会計法補則）の起草・制定に関係したものであって、そこには、皇室典範や貴族院令に関するものは、ほとんど見当たらない。というのは、主として選挙法・貴族院令を担当した金子堅太郎の回想も伝えるように[11]、井上・伊東・金子という憲法起草トリオの中で一応の役割分担が決められていたらしく、井上は皇室典範を、そして伊東は主として議院法の調査・起案に従事しつつ、憲法典の起草に関わっていたからである。

そのため、もともと、伊東巳代治の遺した文書には、大日本帝国憲法に関連する史料のほか、数多くの議院法関係史料が含まれていた。そして、これらの史料は他に例を見ないほど豊富で、きわめて貴重なものであったが、誠に残念なことに、先の戦災によってこうした史料は失われてしまった。その結果、現在の伊東関係文書には、議院法の起草に関する根本史料は、ほとんど見当たらないのであるが、ただ幸いなことに、それらの史料の大部分については、戦前の衆議院憲政史編纂会によるきわめて忠実な転写資料が残されている（国立国会図書館憲政資料室蔵「憲政史編纂会収集文書」目録番号二四九〜二六八、二七一・二七二など）。これによって、われわれは、伊東遺文書に存した議院法諸草案の全容をほぼ推し量ることができ、これと井上毅の残した議院法関連史料とを総合して検討すれば、その起草及び制定過程も、ほぼ完全に解明することができるのである[12]。

ところで、右の「憲政史編纂会収集文書」は、最近、そのすべてがマイクロフィルム化されて、広く利用に供されるようになったので（発行元は書肆・澤井、一九九五年）、旧伊東文書に存した議院法関連史料で「憲政史編纂会収集文書」に収蔵されているものは、旧伊東巳代治関係文書マイクロフィルム版には収録されていない。なお、この点を含めて、焼失した伊東関係文書と憲政史編纂会収集文書との関係については、広瀬順晧教授による解説を参照されたい[13]。

五　右に見たような事情から、伊東文書に現存する憲法関係史料としては、結局のところ、先に述べた狭義の憲法典、つまり「大日本帝国憲法」――その公的略称が「帝国憲法」であった――の制定に関するものと、第六十七条施行法、すなわち会計法補則（明治二三年法律五七号）に関するものとが多くなっているが、与えられた紙幅の関係から、ここでは前者についてのみ述べることにしよう（憲法六十七条施行法に関連する史料は、目録番号一二九～一五一参照）。

さて、帝国憲法制定関係史料といえば、直ちに、その起草主任であった井上毅の「梧陰文庫」（國學院大学所蔵）の豊富な史料が想起されよう。したがって、この「梧陰文庫」中の帝国憲法関係史料と伊東遺文書に存する関係史料との関連や異同が問題となるが、この点について述べると、まず量の点では、たしかに伊東遺文書は「梧陰文庫」に劣っている。というのは「梧陰文庫」は、井上毅が自ら起草したいわゆる甲案・乙案及び後述の「夏島草案」に対する批判意見（逐条意見）や、のちの『憲法義解』の原本となる各種の逐条「憲法説明稿本」はもちろん、いろいろな参考資料を記した「憲法参照」などを擁するほか、枢密院における審議結果を書き入れた史料、さらに、前記のように、皇室典範関係の数多くの史料をも含んでいるからである。

しかしながら、質の点からみると、伊東文書中の帝国憲法関係史料は「梧陰文庫」中のそれと同等あるいはそれ以上の価値をもち、今日、明治憲法制定史は、この伊東文書の関係史料を抜きにしては論じることができない、というほどの重みをもっている。というのも、明治憲法制定史は、右に述べた井上の甲案・乙案ののち、いわゆる夏島草案・十月草案・二月草案などといった重要な修正過程を経て、上奏案の確定・枢密院諮詢案へとつながっていくのであるが、これらの推移を示す史料は「梧陰文庫」にはほとんど存在しない。その動きは、実は、むしろ伊東関係文書によって初めて詳しく知ることができるからである。

実際、「夏島草案」というのも伊東自身の命名にかかるもので、これ以後、井上が起草した前記の乙案や「逐条意見」などを含めて、二月草案に至るまでの推移を示す第一次史料が、伊東文書には多数現存している（とくに目録番号六・八・九・一一など）。そして、この分野に関する記念碑的大著である稲田正次『明治憲法成立史』上下二巻（有斐閣、一九六〇～六二年。とくに下巻）は、正しくこうした史料を駆使した成果なのである。

伊東文書には、さらに、右の二月草案から上奏案が確定する際のきわめて注目すべき史料がある。すなわち、この時、憲法起草グループは、それまでの憲法草案で一貫して定めていた帝国議会（とくに衆議院）の議院自律権に関する規定を大きく削減・修正したが、これは同時に、伊東を中心に起草しつつあった議院法草案に対してもきわめて大きな影響を及ぼすことになった。憲法起草の最終段階におけるこの突然の変更、そして議院法立案過程における大転回の謎を説明する史料が、伊東文書には現存している。これが「澳国下院議長之国会意見」、つまりオーストリア人ヨーハン・フォン・クルメッキー――同史料の識語は「エールンメット」と誤読されているが――の憲法意見書であって（目録番号七五)、ロェスラーがそれを積極的に支持し、憲法起草グループに同意見の採用を決断させた英文の論評すらある(目録番号七六)。しかも前者は、クルメッキ意見書を読んで伊東が私考したところを自ら記したものをも伴い、後者とともに、伊東文書にしか見出しえない貴重な史料となっている。

こうした伊東文書の憲法関係史料の充実ぶりが、伊東の秘書官たる地位と深く関連していることは改めていうまでもない。この関係から伊東文書はまた、憲法制定直後からしばらくの間、枢密院議長伊藤博文が府県会議長・司法官その他に対して行なった数々の憲法演説の筆記を蔵しているが(目録番号一〇三～一一二)、伊東の手になるその草稿すら見出されることは、影武者たる伊東の一面をよく物語るものといえよう。

六　上述のように、伊東はその語学力を買われ、お雇い外国人の助力を受けつつ、制定された皇室典範・帝国憲法・各種の憲法附属法及び『憲法義解』の英訳に取り組んだ。枢密院における皇室典範・帝国憲法などの審議が大詰を迎えると同時に、伊東から伊藤に宛てた書簡の中に憲法・典範の英訳の件がしばしば登場するのはそのためであり、伊東遺文書には、こうした英訳関連史料も現存している(目録番号三〇～三三)。この英訳の意義については、いうまでもなく、不平等条約の改正が明治政府の最大の課題であり、そのために西欧的な立憲体制・法律制度を整備することが急務であったこと、そして、その成果を西欧列強に知らしめるためには編纂された法典を外国語に翻訳する必要があったことを想い起こす必要があるが、伊東はこの面でも力を発揮したことになる。

この英語史料——これはCommentaries on the Constitution of the Empire of Japanとの表題をもつが、付録として皇室典範（The Imperial House Law)、議院法（Law of the Houses)、会計法（The

Law of Finance）などの諸基本法典の英訳も収録している――こそ、憲法制定後の一八八九年（明二二）七月、欧米議院制度調査に出かけた金子堅太郎が持参し、これに対する欧米の有識者の評価を求めた時のものである。その評論の内容は、前に記した金子『憲法制定と欧米人の評論』（昭一二）の中に一括して登載されているが（一九七頁以下）、同じものは、井上毅「梧陰文庫」のほか、伊東関係文書にも見出される（目録番号七七〜八三）。なお、英訳本の著作権は、まもなく当時の英吉利法律学校（現中央大学）に与えられ、ここから戦前第三版まで刊行されたが、その第二版（明三九）には、伊東巳代治自らの「訳者序文」が掲げられている。

伊東関係文書には、このほか、帝国憲法の逐条解釈を示した「憲法衍義英訳稿本」などといった英文史料もある（目録番号一一三〜一一五）。しかし、これ自体は伊東が自ら執筆したものではなく、外国人法律顧問ロェスラーの手になる註釈草案であって、その成立時期も憲法制定から約二年を経過している。ただ、これを邦訳筆記したのは伊東巳代治であり、それが「大日本帝国憲法衍義」（目録番号一一六）として残されたものである。したがって、この「憲法衍義」は、伊東の憲法観・憲法解釈をそのまま表した史料とはいえないが、憲法施行後まもなくものされた最初の本格的な註釈の試みとして、また、伊東がロェスラーの註釈に学びつつ帝国憲法の逐条解釈に勤しんだ事実を示すものとして、見逃すことはできない。

右に述べた二つの史料、すなわち「大日本帝国憲法衍義」及びその原本としての「憲法衍義英訳稿本」のうち、前者は、すぐ後で述べるように、すでに戦前からその存在が知られており、後者もロェスラー研究家ヨハネス・ジーメスによってロェスラーのコンメンタールとして紹介されてきたが、ともに一部研究者の限られた関心しか引かなかった。幸いなことに、最近になって、両者が厳密な考証・解題を伴って一挙に翻刻刊行されるに至った(14)。

以上のように、伊東巳代治関係文書は、私がとくに関心をもって臨んだ分野に限ってみても、きわめて重要な意義をもつ史料を多数蔵している。このほか、とくに纏まった史料としては、枢密院の官制・事務規程・議事細則に関するもの（目録番号二二五〜二四五）、大正六年勅令三十七号として制定された請願令に関するもの（目録番号一八九〜二〇一）などがあり、こうした分野に関心を寄せる人々にとっては、いずれも見逃すことのできない価値をもつに違いない。

七

伊東遺文書は、当然のことながら、憲政史に関心をもつ者を強く引きつけるが、生前の伊東は帝国憲法制定経過などについて公にすることを嫌い、研究者に対しても所蔵資料の披見を認めなかった（早く世を去った井上毅の遺文書も同様の事情にある）。こうした姿勢に反発した政治学者吉野作造が、一九二三年（大一二）、憲政史家の尾佐竹猛などとともに「明治文化研究会」を組織したことはよく知られているが、その約十年後、恰も伊東の死去（昭九）に符節を合わせるかのように、他ならぬ伊藤博文の旧蔵にかかる一連の憲法関係史料が、憲法起草グループの唯一の生き証人、金子堅太郎の校訂という形をとって、全三巻からなる『憲法資料』として刊行された。そして、これ以後、伊藤博文公編『秘書類纂』という名の下、帝室制度・帝国議会・官制・法制・外交といった分野における主要な関係資料も、約二年の間に相次いで刊行されることになる。

この『秘書類纂』が憲政史研究に大きく貢献したことはいうまでもないが、井上・伊東の両遺文書に本格的な光が当てられたのは、憲法発布五十年記念事業のため、尾佐竹を委員長とする「憲法史編纂会」が衆議院に特設され、他の未公開文書とともに、その憲法関係資料が同会による調査収集の対象となった時からである（昭一二）。その成果こそ、今日、国立国会図書館憲政資料室に「憲政史編纂会収集文書」として架蔵されている各種資料に他ならないが、その作業は実に丹念なもので、とくに当時マルクス主義憲法史家として当局に睨まれながら、その主要メンバーとして活躍した鈴木安蔵の活躍には瞠目すべきものがある。例えば、先に一言したように、旧伊東遺文書に存しつつ焼失してしまった数多くの議院法草案は、すべて「採訪者・鈴木安蔵」によって収集されたものであり、そこには「原本は同型内閣用紙に墨、赤インク等を用ひて記す　なるべく原型に近く謄写せり」といった註記も添えられていて、第二次史料としての価値を保つよう配慮されている[15]。

さて、伊東遺文書がより一層注目されるようになったのは、一九四一年（昭一六）一月、巳代治の孫で当主であった伊東治正が私財を投じて設立し、自ら会長となった「憲法史研究会」の活動によってである。同会は、伊東巳代治の残した根本史料を基に「帝国憲法の真髄」を究め、「憲法学の発展」と国政運営の「正しき目標と秩序ある基準の確立」に資することを目的として組織された学術的団体であるが、ここには尾佐竹を始めとする憲政史家のほか、佐々木惣一・中野登美雄・宮澤俊義・河村又介その他の公法学者や、矢部貞治・岡義武ほかの政治学者などが名を連ね、さらに、前記の鈴木安蔵や天皇機関説事件（昭一〇）以来、表立って憲法問題に関わりえなかった美濃部達吉も加わっている。むろん、いろいろな思想傾向をもつ人々の集まりではあったが、憲法史研究会は、総じていえば、諸政党の解散・大政翼賛会の発足といった時勢の中、沈黙を強いられていたリベラリスト達が戦時体制に抗する形で相集った梁山泊であったといえよう。

この憲法史研究会をとおして、永く秘密とされてきた伊東の遺文書が研究者に公開されたことで、憲政史研究、なかんずく憲法制定過程の研究は、格段に進んでいる。とくに、同会発足後まもなく刊行された『大日本帝国憲法関係目録』は、二百数点に上る各種史料の存在を、簡明な解説を付しつつ初めて明らかにし、伊東遺文書の重要性を知らしめると同時に、根本史料の価値を再確認させることになったが、会員には、さらに『政治史関係資料目録・行制《マヽ》裁判法関係資料目録』のほか、先に述べた大日本帝国憲法衍義や夏島草案等を収めた『憲法諸草案類』を始めとする各種の翻刻資料も配布され、多大の便宜が図られた。

こうして憲法史研究会は、ほぼ毎月定例の研究会を開き、三年余り活動したが、昭和十九年春、戦局の悪化とともに自然消滅するに至った。その活動内容については、前記の三浦裕史編『伊東巳代治遺稿・大日本帝国憲法衍義』に詳しく紹介されているのでここでは省略するが[16]、この定例研究会は会員による伊東文書の研究成果の発表の場として大いに活用され、のちに学術論文又は研究書として結実した報告も少なくない。先に掲げた稲田正次『明治憲法成立史』全二巻は、井上毅遺文書（梧陰文庫）その他の史料をも渉猟し、戦後美事に実を結んだ代表例といってよい。

今日の明治憲法体制研究は、この記念碑的大著の再検討から出発するのが通例であるが、すでに同じ分野をカバーする「梧陰文庫」や「憲政史編纂会収集文書」などが次々にマイクロフィルム化され、広く利用しうるようになった現在、同種史料の相互関連を改めて厳密に吟味し、通説的な憲政史を批判的に理解する上で、マイクロフィルム版『伊東巳代治関係文書』（北泉社、一九九五年）の刊行の意義はきわめて大きいといえよう。

（1）　但し、伊藤博文の腹心としての側面を描いた最近の論考として、伊藤之雄『立憲国家の確立と伊藤博文』（吉川弘文館、一九九九年）四六頁以下、八三頁以下など。なお、同『立憲国家と日露戦争』（木鐸社、二〇〇〇年）四〇頁以下など参照。
（2）　伊藤博文『憲法義解』（岩波文庫、一九四〇年）一二七頁。
（3）　登極令制定史に焦点を当てた論考として、所功「『登極令』の成立過程」産大法学二二巻三＝四号（一九八九年）一一八頁以下。
（4）　三谷太一郎『近代日本の司法権と政党』（塙書房、一九八〇年）二八五頁。
（5）　その点に関する最近の研究として、瀧井一博『ドイツ国家学と明治国制――シュタイン国家学の軌跡』（ミネルヴァ書房、一九九九年）一一三頁以下。
（6）　のちに、清水伸『明治憲法制定史〈上〉』（原書房、一九七四年）所収。
（7）　参照、小嶋和司「明治二三年法律第八四号の制定をめぐって」同憲法論集一『明治典憲体制の成立』（木鐸社、一九八八年）三九五頁以下所収。
（8）　これらを大いに活用した成果が、前記の三谷『近代日本の司法権と政党』である。
（9）　参照、大石「公文式の制定とその改正問題――憲法附属法としての公文式の意義」同『日本憲法史の周辺』（成文堂、一九九五年）所収。
（10）　参照、國學院大学日本文化研究所編『近代日本法制史料集』全二〇巻（國學院大学、一九七九～一九九九年）。
（11）　金子堅太郎『憲法制定と欧米人の評論』（日本青年館、一九三七年）参照。
（12）　その成果として、大石『議院法制定史の研究』（信山社、一九九〇年）参照。
（13）　広瀬順晧「伊東巳代治関係文書について――憲政史編纂会収集文書との関連」国立国会図書館憲政資料室編『伊東巳代治関係文書』（北泉社、一九九五年）二一頁以下参照。

（14）　三浦裕史編『伊東巳代治稿・大日本帝国憲法衍義』（信山社、一九九四年）参照。

（15）　この憲政史編纂会収集文書と旧伊東遺文書との関係については、広瀬・前掲論文参照。

（16）　憲法史研究会については、本書八九頁以下参照。

Ⅳ　日本議会法伝統の形成
――議院法の制定過程を中心に――

1　議院法制定過程の重み

約百年前に発足した帝国議会は、主として、一八八九年（明二二）二月十一日に発布された帝国憲法――これが「大日本帝国憲法」、いわゆる明治憲法の公的略称である――の第三章「帝国議会」部分と、この日同時に公布された全十八章九十九カ条の議院法（明治二二年法律二号）とによって、その組織・運営の枠組みを与えられた。そして、「不磨の大典」と謳われた帝国憲法は、現在の日本国憲法が制定されるまでの五十六年もの間、一度も改正されなかったし、議院法もまた、現行国会法の施行と同時に廃止されるまでの間――のちに述べる微細な六回の改正を除いて――全く実質的な変更を加えられることがなかった（後述4参照）。

ということは、帝国議会を制度的に規律する関係法規が、その使命の終わるまで、全体として、制定当初の骨格をずっと保ち続けたということである。そうすると、帝国憲法・議院法の制定史を追究することは、とりも直さず、関係法規の存在理由や意味を解き明かすことに通じるはずである。したがって、憲法や議会法に興味をもち、それを専攻する者としては、そこに大きな意義をみとめ、強い関心を寄せないわけにはいかないのである。その議院法が、現行の国会法にも濃い影を落としている有様を知ると、一層その感を深くする。

因みに謂う。「明治二十二年法律第二号」という呼称に惑わされてはなるまい。なるほど、当時の公文式（明治一九年勅令一号）は、法律・勅令・閣令といった区別を設けてはいた。ところが、帝国憲法施行の時まで立憲的議会は存在せず、したがって、議院法なる法律も、実は、議会開設に先立って、政府部内で立案され――枢密院の会議を経て――制定されたものに外ならないからである。

つまり、議院法なる法律は、その名称にもかかわらず、議会が制定したものではなく、政府の作成した命令という性質をもっている。このことと右に述べた議院法改正事情とを併せ考えると、結局のところ、帝国議会は、終生、政府の設定した組織・運営の枠組みの中で活動しなくてはならなかったことになる。立憲的議会としては、まことに不遇な生涯であったと言うことができよう。

さて、伊藤博文の主導の下、井上毅・伊東巳代治等を軸として展開する議院法の本格的な制定過程は、憲法のそれと同様に、一八八七年（明二〇）春に始まり、翌々年（明二二）二月十二日の同法公布をもって終わる。この間の経緯は決して平坦でなく、幾つかの重要な転機を経ているが、私の見るところ、それは次の三期に区分することができる。

第一期　第一次案の起草から、いわゆる委員会議原案が作成されるまで（明治二〇年四月～翌二一年四月下旬）

第二期　枢密院での憲法第一審会議の結果をふまえて検討が加えられ、上奏案が確定される

まで（明治二一年五月〜同年八月下旬）

第三期　枢密院会議を舞台として、起草者による再検討・枢密院での修正が重ねられた末、議院法が公布されるまで（明治二一年九月〜翌二二年二月）

このうち、巨視的に見れば、第一期と第二期は、ともに伊藤・井上・伊東といった起草者の内部における作業として、共通点をもつ。したがって、この小稿では、第二期までを一括して扱い（後述2参照）、起草者の意思のみでは動かしえない第三期を別に眺めることとする（後述3参照）。

本論に入る前に、議院法の制定史を辿る場合の基本的な視点について述べておこう。その第一は、なぜ両議院を統一的に規律する法律が必要だと考えられたのか、である。もともと、別個に組織され活動すべき両議院を同じ規律に服させるには、それなりの理由がなくてはならないが、起草者はそれをどう説明しているのか、ということである。第二に、その法律が必要だとしても、両議院の組織や運営について、どの程度まで規定するのが適当か、という問題がある。言い換えると、両議院の組織・運営に関する事項について、憲法典・議院法・議院規則の三者は、それぞれどの範囲で定めるのかが問われなくてはならない。第三に、議院法の所管とされた事項それ自体について言えば、具体的にどういう内容又は類型の準則を盛り込むのか、という問題が残っている。

これらの論点のうち、第三点をとりあげるのは当然のことと思われるが、その一方で、第一点については、何故ことさらそれを問題とする必要があるのか、不審に思われる向きがあるかも知れない。したがって、以下では、まずこの点を明らかにすることから始めたい。

2　上奏案の確定に至るまで

一　議院法の構想

一八八七年（明二〇）四月下旬、憲法起草主任・井上毅は、いわゆる憲法乙案（乙案試草）を作成したが、これに添えて同案の起草方針を明らかにするため、「乙案例言」と題する説明文を付している。その中に、議院法構想の由来を明かす注目すべき行があって、「議院の制は細大を併せて之を憲法に列挙するは大抵各国の同き所」ではあるけれども、この乙案では、「憲法の外別に議院法律を行ひ憲法は務めて大体を掲げ而して其細節は之を法律に挙け、一は永遠に動かさゞるを主とし他は宜きに随ひ改正するの便を取る」バイエルンのやり方にしたがう、と言う。実際、その頃、全十二章四十七カ条の議院法第一次草案が同時に作られたが、ここでも、バイエルンの「方法に依り憲法の外に特に議院法を制定し両議院に通して其準行すべき規程を示す者」だということが、わざわざ明記されているのである。

こうしたやり方は、立憲主義諸国の常識からみるとまったく異例に属する。そのことは、実は、起草者自ら認めていたところで、そのゆえにこそ井上毅は、同年五月上旬、政府顧問ヘルマン・ロェスラーに対して、「議院の組織及議事法の大要は之を憲法に掲げ而して其細則は之を議院自治の権に任するを通例」とする各国と異なり、あえて、通常ならば「議院規則に委ねたる内部の規定をも包含して記載したる」法律をもつバイエルン及びオーストリアの例にならって、「憲法の外に別に議院法律を設くること」の当否を問うたのである。もちろん、起草者の選択——議院の自治に委ねる前に議院法を制定するという構想——について、積極的・理論的な支柱を求めるための借問であり、果たして、五月十一日付で届けられたロェスラーの答議は、起草者を勇気づける詳細なものであった。

井上毅は、五月二十三日、改めて憲法甲案と議院法とを伊藤博文に提出したが、甲案第四十条「各議院ノ事務及会議ノ方法ハ別ニ法律ヲ以テ之ヲ定ム」には、右のロェスラー答議が、そのまま参照附録として収められている。のみならず、この時提出された「議院法試草」——第二次草案に当たり、全十二章五十七カ条から成る——は、「先頃初稿の儘提出し置たる議院法案に更に修正を加へ又両院関係の条項を増加したるもの」であるが、ここでも、オーストリア・バイエルン等の「例に依らむとするなり。其詳細はロイスレル博士の答議に具はる」との趣旨説明が見られるのである。ロェスラーの答議の威力というものを窮い知ることができよう。

二　規制事項の拡大

右の議院法第一次案・議院法試草の段階では、のちの諸草案や分布法と較べると、規律対象とされる事項はそれほど多くないが、いま、右両案の章名のみを取り出してみよう。

一　議院組織
二　議長職務議院警察及経費
三　議員年俸
四　会　議

五　内閣大臣及委員
六　両院関係
七　政府質問
八　議場紀律
九　官衛人民府県会ノ関係
十　退職除名
十一　議案奏上及閉会
十二　総　則

もちろん、これでも、起草者が依拠した外国の例よりも規律対象はかなり広く、各議院の院内事項に相当立ち入っており、分量もはるかに多い。例えば、当時もっとも新しかったオーストリア議会法でさえ、全部で十八カ条にすぎず、その内容も、議会の召集・開会や両議院関係などに限定されていたのである。

にもかかわらず、翌年（明治二一）四月下旬の委員会議原案に至るまで、議院法案が規制する事項の範囲は拡大し続けた（次頁「議院法諸案」参照）。もともと、井上毅は、憲法甲案と議院法試草とを提出した時、「議事法細目研究仕度心得」であることを伊藤博文に伝えていたが、起草者は、まず、議院法よりも憲法草案の再検討に着手した。すなわち、明治二十年八月中旬、伊藤・伊東巳代治・金子堅太郎の三人によって、いわゆる夏島憲法草案が作られたが、これと併行する形で、井上毅の方も、憲法甲案・乙案を素材として、とくに「租税及会計」部分を中心に吟味を加えている。そして井上は、八

議院法諸案の章名比較

最初原本（一二四カ条）	委員会議原案（一二八カ条）	委員会議第一次修正案（一〇七カ条）	委員決議案（一一一カ条）
一　議院召集及開会	一　帝国議会召集及開会	一　帝国議会ノ召集及開会	一　帝国議会ノ召集及開会
	*二　議員ノ任期	〈削〉	
*二　議員資格ノ異議	三　議員資格ノ検査		
三　議長書記官議院警察及経費	四　議長書記官及経費	二　議長書記官及経費	二　議長書記官及経費
四　議員年俸	五　議員年俸	三　衆議院議員年俸	三　衆議院議員年俸
*五　委員会及委員会長部局長	六　委員会及部局	四　委員及部	四　委員
六　会議	七　会議	五　会議	五　会議
	*八　休会停会閉会	六　停会閉会	六　休会停会閉会
	*九　秘密会議	七　秘密会	七　秘密会議
*七　議院日誌議事録及新聞紙	十　議院日誌議事録及新聞紙	〈削〉	
*八　歳入出予算案ノ議定	十一　予算案ノ議定	八　予算案ノ議定	八　予算案の議定
九　内閣大臣及委員	十二　内閣大臣及内閣委員	九　国務大臣次官及政府ノ委員	九　国務大臣次官及政府委員
十　政府質問	十三　質問	十　質問	十　質問
十一　両院関係	十四　両議院関係	十一　両議院関係	十一　両議院関係
十二　紀律	十五　警察及紀律	十二　警察及紀律	
十三　上奏及建議	十六　上奏及建議	十三　上奏及建議	十二　上奏及建議
*十四　［請願］	十七　請願	十四　請願	十三　請願
十五　官衙及人民府県会ノ関係	十八　議院ト臣民及官庁府県会ノ関係	十五　議院ト人民及官庁地方議会トノ関係	十四　議院ト人民及官庁地方議会トノ関係
		十六　退職及議員資格ノ異議	十五　退職及議員資格ノ異議
十六　辞職告暇及退職除名	十九　告暇辞職補闕	十七　告暇辞職及補闕	十六　告暇辞職及補闕
			十七　警察及紀律
	*二十　懲罰	十八　懲罰	十八　懲罰
十七　総則	二十一　総則	〈削〉	

（注）(1)　*は前草案の段階にはなかったものを表す。
(2)　〈削〉は、その章全体が条文とともに削除されたことを示す。
(3)　最初原本第十四章の章名は、原史料に書入れがなく筆者が補なった。

月下旬、夏島草案に対する総合的な批判、いわゆる逐条意見を執筆し、議会制度に関する部分では、議院自治権の綱要は「憲法上権利の問題」であるが故に「議院法に譲るべき」でないこと、議院の政府監督権を充実させるべきことなどを説いた。ロェスラーも、同様な意見書を提出している。そこで、これらをふまえて、十月中旬には新しい憲法草案（いわゆる十月草案）が作られた。

こうした動きとともに、議院法案の検討も進む。まず、井上の伝えるところ、八月上旬には、予算議事法について案を練り、これを含む「合計七十条」の議院法案を伊藤に提出したようである。残念ながら、今日これに相当する史料を見出すことはできないが、憲法十月草案と同じ頃、「最初原本」と呼ばれる全十七章百十四カ条から成る議院法案がつくられ、これは現存している。五カ月前の「議院法試草」と較べると、すでに約二倍の分量に膨んでいるが、それは、予算議事法・委員会・議院日誌議事録及新聞紙・請願などの章を始めとして、多くの増修が加えられたためである。

注目すべきことに、この「最初原本」に対しては、その年の十二月にかけて、井上自身を中心とした再検討がさらに加えられ、これを基礎として、翌年（明二二）四月下旬には、実に、全二十一章百二十八カ条から成る大部の議院法案が成立した。このとき以後、上奏案を確定するまで、井上・伊東・金子などの委員会議による検討は、すべてこの案を基に行われたが、その意味で同案を「委員会議原案」と名づけることができよう。この案は、新たに、議員任期・休会停会閉会・秘密会議・懲罰といった章を設けただけでなく、従来の諸案では公選すべきものとされていた議長副議長について、準勅選制をとり入れた点（3ー を参照）、さらに、予算議事法について議院の予算修正権を制約する規定を新設した点において、大きな特色をもっている。

なお、この委員会議原案の作成に際して、当時のオーストリア下院副議長ヨーハン・クルメッキの憲法意見書——伊東巳代治はその内容から「国会意見」と呼んだ——が強いインパクトを与えた事情、また、それに示唆されて、ドイツで廃案となった議員懲罰法案が大いに参考にされた事実などが、今日明らかになっている。

三　枢密院諮詢原案の作成

委員会議原案の提出後まもなく、天皇の「至高顧問ノ府」として、枢密院が設置された（明治二一年四月三〇日）。ここではまず、皇室典範草案（五月下旬〜六月中旬）、次いで帝国憲法草案（六月中旬〜七月中旬）が審議された——これを後代の人々は「第一審会議」と呼ぶ——が、これと併行する形で、起草者は議院法案の再検討を進め、憲法審議の終了した七月中旬以降、この作業は本格化する。言うまでもなく、議院法と憲法第三章「帝国議会」部分とは密接な関連をもち、後者に加えられた変更は議院法案の起草にとって無視しえないものだからであって、起草者は、それを契機に全面的な見直しに踏み切った。

すなわち、井上・伊東を中心とする委員会議では、まず、先の全二十一章百二十八カ条原案に対して大鉈をふるい、七月中に、全十八章百七カ条の第一次修正案をつくった。このように、大きく縮減されたのは、原案第二章・第十章・第二十一章を各々削除した——最後者は憲法修正結果をうけたもの——うえ、残る各章についても相当数の条項を整理・統合したからである。因みに、原案第十二章の表題が「国務大臣次官及政府ノ委員」（第九章）と変わったのも憲法修正結果をふまえたもので、原案にあった「内閣大臣」「内閣委員」なる文言も、すべて改められた。

委員会議は、しかし、さらに検討を重ねて、八月上旬、全十八章百十一カ条から成る第二次修正案を取り纏めた。起草中心の井上は、これをもって決定版とするつもりだったらしく、とくに「委員決議」案と記している。ここでは、第一次修正案第十二章「警察及紀律」を第十七章に回した点を除いて構成上の変化はないが、四カ条分増えたのは、第一次修正でいったん削去していた委員会議原案の条項を復活させたからである。休会に関する決議案第六章は、その代表例――第一次修正案は休会規定を欠く――と言えよう。

この委員決議案は、伊藤の承認を得て、確定上奏案となるはずであった。ところが、伊藤は、この案に接するや、「右法案之箇条中少々愚見有之候」として、上奏の延期を伝えるとともに、委員決議案全体にわたって、簡明直截な修正意見をメモ書きにして伊東に手渡した。井上・伊東などの委員会議は、更なる修正を迫られたわけであるが、再考の結果、委員決議案から六カ条減じ、字句修正を施した合計十八章百五カ条の最終的な議院法上奏案を得ている。おそらく、八月二十五日ないし三十日あたりのことである。この時すでに、枢密院への諮詢の日程がつめられていたから、ようやく間際になって上奏案が確定したことになるが、ここでの修正には、かなり重要なものがあった。なかでも、委員会議原案以来維持されてきた議院の予算議決権を大きく制約する条項が削られた点は、見逃しえない。議院の権限に直接かかわるということは言うまでもないが、実際、それを欠くため、議会開設を目前にした翌々年(明二三)春から秋にかけて、議院の予算増額修正権の存否の問題は、政府部内で深刻な議論を喚起することになったからである。ともあれ、こうして確定した議院法案は、九月初めに上奏された。

3　枢密院の審議を中心として

一　第一審会議

枢密院は、夏期休暇以前に議了した皇室典範及び帝国憲法に続く第三議案として、九月十七日から、前述の如く上奏された全十八章百五カ条の議院法案の諮詢を受け、十月三十一日午後まで、その審議にあたった。これが、いわゆる議院法第一審会議であるが、実は、議長伊藤博文が不在であった九月末までは、ほとんど議事は進行していない。そのため、本格的な審議が行われたのは、ようやく伊藤の帰任した十月十二日以後のことである。

すなわち、枢密院は九月十七日、十九日で議院法案の第一読会を終え、同月二十一日午前から、逐条審議を行う第二読会に入った。しかし、議事の運営方法をめぐる意見の対立などもあって、同月二十八日午前を終了した時点でも、僅かに、議長副議長の選任手続に関する諮詢案第三条までしか進んでいなかった。そこでいったん議事は中止され、十月十二日午前から、伊藤議長の主導の下に再開されることになったのである。

十月二十四日午後の第二読会の暫定終了――諮詢案中二カ条は未決のまま――の時点で、原案は一カ条削除されて全百四カ条となったが、この第二読会で最も激しい議論を呼んだのは、右の諮詢案第三条である。それは、先に述べたクルメッキ国会意見の示唆をうけて、「衆議院ノ議長副議長ハ其ノ第一任期ニ於テハ議員ヨリ之ヲ勅任シ第二任期以下ニ於テハ議員之ヲ互選シ勅許ヲ請フヘシ」と定めていた。ところが、これに対して、純然たる議員互選説・勅選説のほか、複数候補者互選のうえ勅任する説など、諸説が入り乱れて主張され、その揚句、原案はもとより各修正説がすべて否決されるという異常な事態に陥った。そこで伊藤議長は、全院委員会に切り換えて協議の場を設けるという方法をとり、これが功を奏して、第三条は、公布議院法並みの複数候補者互選後勅任という線で、ようやく晃が付くことになる。このほかの修正・削除は、ほとんど「原案取調掛」、つまり草案起草者又は伊藤議長の側から提議したものであって、その代表例は第六章の中から休会に関する規定を削った点である。

さて、第三読会に入る前に、「法律ノ完備ノ為」、第二読会議決分全十八章百四カ条を検討対象とする整理委員会が設けられた(一〇月二四日午後)。同委員会は、顧問官中最も口うるさい鳥尾小弥太以下五名から成り、二十九日午後には、さらに二カ条を削ったうえ諸条規にも数多の字句修正を加えた全十八章百二カ条の修正案が提出され、これが第三読会の原案とされる。そして、同日午後の後半及び三十一日午後に開かれた第三読会は、整理委員会修正案をほとんどそのまま可決すると同時に、多少の字句修正を加えた。かくて議院法案は、枢密院第一審会議を終了した段階で、全十八章百二カ条となった。

二　再審会議

枢密院では、議院法を議了したのち、十一月上旬から下旬まで会計法案を、次いで十二月中旬まで衆議院議員選挙法案及び貴族院組織令案——のち貴族院令となる——を、それぞれ審議した。これによって、典範・憲法及び憲法附属法令の全体像が形を整えてきたが、そこで総合的な調整をはかるため、起草者は、十二月下旬にかけて、憲法・議院法等の再検討に着手している。

まず、憲法については、十二月二十五日までに、㈠各議院に法律起案権をみとめる、㈡議院の上奏権は削除する、という重要な修正を加えることが確定した。実は、この両者の要否の問題は、憲法第一審会議でも種々議論の存したところで、とりわけ鳥尾顧問官の起案権必要論が目立っていたが、ここに至ってそれが採用されたことになる。次に、これを前提としつつ、議院法についても二十七日までに修正原案が確定された。ここで、右の憲法修正案に対応する所要の改訂を施した——議院法第一二章中の「上奏」関係規定を削るなど——ことは言うまでもないが、ほかにも十箇所以上にわたる加削を施している。なかんずく、新しく議院特権侵害罪の規定を、第十九章第百条として設けようとした点は、これまで全く知られていなかったところで、注目に値しよう。

翌年(明二二)一月十二日、右の議院法修正を含めて、枢密院の再審会議に付すべき憲法以下の諸法令——但し、典範のみは、柳原前光の提出した意見を検討するため後回しにされた——を確認するため、内閣総理大臣黒田清隆邸で閣議が開かれた。注意すべきことに、このとき閣議決定された修正議院法案全十八章九十九カ条の中には、年末に新設されたはずの右の議院特権侵害罪の規定が、全く見当らない。というのも、実は、これに先立つ一月七日、起草者において、別に「議会及議員保護律」を制定することによって対処するという意思が固まったからで、長い起草過程の中では、このようにわずか二週間足らずの間に、方針転換が行われるという事実すらあったのである。

こうして枢密院は、まず、一月十六日に憲法再審会議を開き、修正諮詢案通りに可決した。もっとも、議院の上奏権を復活して建議権を削除すべしとする議論が主張され、伊藤議長の決裁権行使によって辛うじて事なきをえた場面もある。また、原案起草者が予想していなかった「次官」なる文字も削除議決されたが、この文言は、議院法案第九章表題その他にかなり用いられているため、これも翌日の審議に影響を与えることになる。

一月十七日午前、議院法再審会議が行われた。ここで、十二日に閣議決定された修正諮詢条項がすべて原案通り可決されたこと――上奏関係規定を削り、第十一章と第十二章とを入れ換えるなど――はもちろんであるが、さらに、予期していなかった右の「次官」の文言合計八カ所についても、「憲法の決議に従ひ」、すべて削除された。これによって、議院法の再審会議は終了したので、全十八章九十九カ条の正文は確定するはずであった。

ところが、同日午後に、衆議院議員選挙法附録及び貴族院令の再審会議に先立って、異例の議院法再修正が行われている。というのも、確かに、前日の憲法再審会議における議院の法案提出権の承認に対応する形で、その政府独占を前提とした議院法第二十九条の文言「政府ヨリ提出シタル」議案という部分が、午前中の会議で削除されたのであるが、これのみでは、議案修正手続の意味はもちろんのこと、議案発議の要件・手続を示すことにならない。そこで、伊藤議長は、とくに「議院法は巳に議決したりと雖も憲法に於て両議院は各々法律案を提出することを得る事になりし上は随て議院法に於て其の議案を提出するの順序を示さゞる可らず」と断りを入れ、用意した第二十九条の案文「凡テ議案ヲ発議シ及議院ノ会議ニ於テ議案ニ対シ修正ノ動議ヲ発スルモノハ」云々を示し、会議の同意をとりつけている。しかもこの時、その要件（二十名以上の賛成）に符節を合わせる形で、計四カ所に出てくる動議又は発議の要件も、加重して修正された。まったく異例の処理というほかない。ところが、これでもまだ、公布されるべき確定議院法にはなりえなかった。

三　最終調整会議

一月二十九日午後から三十一日午後にかけて、枢密院は、憲法に関する第三審会議を開いた。これは、二週間前の再審会議決定分について、起草者が上奏を控えたまま、重ねて再び検討を行い、その結果を修正案として提出してきたのをうけて、開催されたものである。この憲法第三審会議では、議院法再審会議決定分に対して、直接影響を及ぼす二つの変更がもたらされた。その第一は、再審会議でも問題にされた議院の上奏権を復活したことで（第四九条）、伊藤議長は、この点について、「議院に上奏権なきは憲法上の欠点なりとするの説多し。故に再び之を提出す」と弁明している。その第二は、逆に議院の質問権（再審議決分第五〇条）が削除された点である。実は、起草者としては、議院が政府に質問するという観念を緩和するため、わざわざ「両議院ニ於テハ文書ヲ以テ政府ニ質問ヲ為スコトヲ得」との修正案を提示したのであるが、野村靖顧問官から、「憲法に記載するに及ばず」との意見が出され、これが大勢を占めたためである。

こうした憲法第三審会議の結果をふまえて、二月初め、起草者による議院法関連規定の手直しが大急ぎで行われた。そして二月五日午後、憲法・典範・議院法・選挙法・貴族院令といった諸法令を最終的に調整し、確認するための枢密院会議――これを「最終調整会議」と呼ぶことができよう――が開かれたが、実質的な審議は、その日の午前中に招集された「総委員会」で行われ、委員「各位の検閲を経」ていたらしい。午後の枢密院最終調整会議は、その結果を正式な意思決定とするための形式上の手順にすぎなかったわけである。

さて、二月五日午前の「総委員会」は、憲法についても文言修正や条文の入れ換えを行なっているが、議院法に関しては、かなり重要な修正を施している。まず第一に、憲法第三審会議の結果を反映する形で、議院の上奏権の行使手続に関する規定を復活し、第十一章表題も、単なる「建議」から「上奏及建議」と改めた。第二に、同じく憲法第三審会議において、議院の質問権という観念が否認されたとの了解の下に、第十章「質問」の三カ条（第四八条〜第五〇条）を大きく修訂した。ここでは、それまで存した質問趣意書の議院での朗読及び議院の決議という手続がすべて削除されたことが重要であり、フランス流に言えば、アンテルペラシオンが否認されたという意味をもつであろう。第三に、議会開会に際して予定されるべき勅語奉答に関する規定（第七条）も削除した。この規定の必要性については、すでに前年秋の第一審会議でも問題とされており、この段階で削られた理由はよく判らないが、会議記録から、伊藤議長自身は、これを明文化することにかなり懐疑的であったことが窮い知られ、有力な手掛りとなしえよう。実は、帝国議会の開会が目前に迫った翌年（明二三）十一月下旬、勅語奉答の方法はやはり現実問題として浮上してきたのであって、その必要性を認めていた伊東巳代治などは、この時「枢府之会議」が削除したことをきわめて遺憾としている。

その他、字句修正も一カ所行なっているが、このように検討してみると、二月五日午前の枢密院「総委員会」というのは、相当の重みをもつことが判明する。したがって、それを議院法第三審会議と称することができよう。当日午後の枢密院会議は、右に述べたように「総委員会」での決定をそのまま正式に確認する意味をもつにすぎない。こうして議院法全十八章九十九カ条は確定し、二月十一日、明治二十二年法律第二号として、選挙法・会計法・貴族院令とともに公布された。

4　議院法体制の重み

以上の制定過程を振り返ってみると、初め議院法という両院通則的な法律の構想が立てられた時は、立憲諸国では異例であるとの意識がかなり働き、その規定事項の範囲もそれほど広くはなかった。ところが、いったんその構想が定着すると、議院法に盛り込まれる所管事項は次第に拡大し、立憲諸国ではもっぱら議院の自主的な決定に委ねられるべきいろいろな手続準則まで、広くその規律対象としてしまった。こうなると、議院法という法律が本来存すべきや否やについては何の疑問も提出されず、ただその枠の中でどういう手続類型を選択するかだけが論議の的になってしまったのである。

繰り返しになるが、成立した議院法は、形式上法律とされるものの、あくまでも議会開設に先立って政府の制定したものであり、その実質から言えば、今でいう命令に相当する。しかも、その法律としての位置づけは、確かに、一面で、これ以後政府限りでは議院の手続準則を変更しえないという効果をもつが、しかし、他面において、その改正には両議院の意思の合致と天皇の裁可（政府の承認）とを必要とするという意味において、各議院における柔軟な組織・運営の道を閉ざす——とくに衆議院の場合に著しい——制限的な効果を発揮することになる。もちろん、両院通則的な事項を法律化することによって、議会手続の安定化を図るという狙いもあったであろう。しかし、議院法の規律内容は余りにも政府に好意的であり、立憲的な議会法の常識とも合致せず、例えば、衆議院による議会運営・手続の改革の動きがあるときに、法律の改正を要するが故に挫折するというような事態に至る場合には、議院法は、結局、議事手続の安定化という名分のもと、望まれている議院活動に必要な諸改革を阻み、政府の設定した枠組みを固定化するという頑迷固陋な働きをすることになる。

実際、基本的な議院手続の変更を目指す議院法改正提案は、何度か見られた。すなわち、まず、第十回議会（明三〇）に至る初期議会においては、再三にわたって、衆議院で「議院の独立」を確保するための議員発議による改正案が提出されている。それらは、主として、㈠議院の組織自律権にかかわる議院法第三条一項・第十六条二項を改め、㈡閉会中の継続審査及び議事日程の変更（同法二五条・第二六条二項）を、運営自律権の立場から、各議院の決議にかからしめるよう改める、という趣旨をもっていた。ところが、第五回議会までは衆議院段階で未決に終わり、第八回及び第十回議会では、衆議院で可決されたものの、貴族院で未決となり、結局廃案となってしまった。

次に、議院の組織・運営をめぐる議院法の改正問題が本格的に再燃したのは、第六十四回議会（昭八）以後のことであった。このとき改正案の基礎となったのが、議会政治への国民の信頼を回復するために衆議院の議会振粛各派委員会で纏められた、計三十二項目から成る「議会振粛要綱」（昭七）である。これを具体化した議院法改正案は、まず組織面について、㈠懸案の議長副議長選出権を実質的に確保し（第三条改正）、㈡早くから存在意義を疑われて来た「部」制度を廃止しようとする（第四条削除）。そして、議院運営については、㈢やはり院議による議事日程の変更をみとめ（第二六条二項改正）、㈣継続審査制度を廃止して、新たに常置委員の制度を導入する〔第二五条削除、第二〇条ノ二～四の新設〕、というものであった。

注目すべきことに、この改正案は、次の第六十五回議会〔昭九〕及び第六十七回議会〔昭一〇〕におけるものとほぼ同一であり、しかも、右の「要綱」の具体化であることの結果として、いずれも衆議院各会派の共同提案として纏められたものであった。そのため、同院では、いずれの場合も直ちに第一読会を開き、読会の順序を省略して原案を可決し、即日貴族院に送付した。にもかかわらず、貴族院で第一読会が開かれ、委員に付託されたものの、委員会段階で審査未了となり、結局すべて廃案に帰している。

かくして結果的に、議院法は、その使命を終えるまで、次に掲げるような――敢えて言えばトリヴィアルな――改正しか経験しなかった。

第一次改正〔第一三回議会・明治三二年〕　議長・議員等の歳費増額および歳費の辞退〔議院法第一九条一項・二項〕

第二次改正〔第二二回議会・明治三九年〕　衆議院予算委員の審査期間を延長したこと〔同第四〇条〕

第三次改正〔第三七回議会・大正五年〕　書記官のほかに奏任官の職員を置くこと〔同第一七条三項〕

第四次改正〔第四三回議会・大正九年〕　議長・議員等の歳費増額〔同第一九条一項〕

第五次改正〔第五〇回議会・大正一四年〕　議員に対する国鉄の無賃乗車券の発行を明文化したこ

と〔同第一九条ノ二の新設〕

第六次改正（第五二回議会・昭和二年）　貴族院予算委員の審査期間及びその延長の限度を法定したこと〔同第四〇条二項・三項の新設〕

かつて、憲法学の泰斗・美濃部達吉は、議院法の意義を分析して、(a)「憲法の補充法として、他の諸国に於ては憲法自身の中に規定せられて居る事項を含んで」いるため、「憲法改正の手続を用ゐず、議院法の改正に依つて実質上には議会の権限を左右し得る余地が可なり広い」こと、他面、(b)「議事法として、他の諸国に於いては議院の会議規則に任かされて居る事項を含んで居る」ため、「一院だけの事情に依つてその一院に於いて自ら適当なる改正を加ふることを得ない」という制限的な効果をもつことを論じていた。きわめて的確な指摘であるが、しかし、右に見たように、明治憲法体制の下では(a)の側面はほとんど意味をなさず、もっぱら(b)の側面のみが強く出て来たわけである。

したがって、本来、憲法体制が大きく変わった時、立憲的議会法の原点に戻って、議院手続準則――とくに固有の院内事項――まで深く立ち入って法律で規律することの合理性が根本から問題とされるべきであった。しかしながら、半世紀以上にわたって議院法体制に馴致した日本的な憲法感覚は、ほとんど無批判に国会法というものを成立させてしまったのである。この国会法については、その廃止を含めた抜本的な見直しが必要であるが、本稿ではその点には立ち入る余裕はない。

〔**参考文献**〕

大石眞『議院法制定史の研究――日本議会法伝統の形成』（成文堂、一九九〇年）

同『議院自律権の構造』（成文堂、一九八八年）第四章「明治憲法体制と自律権問題」
稲田正次『明治憲法成立史下巻』（有斐閣、一九六二年）第三〇章「議院法の起草」

V　憲法史研究会について

――リベラリストの梁山泊――

1　美濃部達吉、大いに語る

一九三五年（昭一〇）のいわゆる天皇機関説事件で槍玉にあげられた美濃部達吉が、そののち、憲法問題についてほとんど完全な沈黙を強いられ、行政法学に傾注するようになったことは、広く知られている。だが、美濃部は憲法・憲法学について全く発言を控えたわけではなかった。実際、一九四一年（昭一六）四月十九日、ある会合において次のような講演を行なったことが、記録に残っている。

……神権的な考へ方を代表するものとしては、私は穂積八束さんの説がその基本を成して居り、それが今日まで大なる影響を与へてゐると考へるのであります。穂積氏は明治二十二年丁度憲法発布の年に西洋から帰朝せられ、直ちに東京大学の教授として憲法講座を担任せられた方であります。……爾来凡そ三十年に近く単独に憲法講座を担任されてゐたのでありまして……その説が良かれ悪しかれ大なる勢力を持つに至ったといふことは怪しむに足りない所であります。併し穂積さんの憲法学説に対しては、はじめから反対者が多かったのであります。……

私は末岡さんや一木さんが穂積さんの説に反対せられたのは至極当然であると思ふものでありまして、真に学問的又論理的に物を考へる人であるならば、穂積さんの説には何としても賛成し得なかったであらうと思ふのであります。然るに不幸にして穂積氏の学説が朝野の間に大なる勢力を得て、それが殆ど定説とも謂ふべきものと看做されこれに反対するものは異端邪説であるといふやうに考へらるゝに至りましたことは、日本の憲法学に取って遺憾至極のことゝ言はねばならぬと信じます。

このあと美濃部は、穂積憲法学の主要な特色を五点にわたって詳しく述べ、そのすべてを「誤まった説」として斥けるが、その冒頭は明らかな時局批判である。すなわち美濃部はいう。

穂積学説の第一の著しい特色としては、「国体」といふ語をその語の普通の意味とは甚だ異った、歪曲せられた意味に用ひてゐることを挙げることが出来ます。……穂積氏の説……は本来の国体といふ語とは全然其の意義を異にするものであります。斯かる説が勢力を有するに至った結果は、今日まで色々社会に大なる禍を及ぼしてゐると思ふのであります。近頃殊に国体明徴といふことが声高く叫ばれて居りまして、それは勿論誰も反対すべき所ではありませぬが、併し動もすると穂積さんの説を明徴にすることが即ち国体明徴であり、其の説に反対することは反国体であるといふ風に考へてゐるかの如き傾向が見えるのは甚だ遺憾であります。

記録によれば、美濃部の講義は「正味二時間半、無原稿のまゝじゅん〳〵と説き来り説き去り、つくる処を知らざるものゝ如く、全員一同に大いに感銘を与へられた」という。

当初、時勢を考えて速記録にとどめるつもりであった美濃部の講演は、出席できなかった遠方の会員の希望もあって、『伊東巳代治伯遺稿「憲法衍義」に関する美濃部博士の講演速記録』と題して印刷に付し、限られた関係者にのみ配布された。その表紙にはあざやかなマル秘の朱印があり、取扱い方の注意を促しているが、そこには右の講演を主催した「憲法史研究会」の名も印されている。この研究会に至るまでの経緯とその歩みを辿るのが、本稿の目的である。(1)

2　明治憲政史研究の系譜

そもそも明治法制史をふくむ明治史の研究が大正末頃から起こり、しかも明治憲政史が明治法制史の研究を代表するがごとくであったことは、広く指摘されるところである。しかし、さらに言えば、明治憲政史の研究といっても、「憲法」「憲政」というものを実質的に観念した場合、つまりそれを国家統治の組織・内容に関する基本的な原理や規範とみた場合に、当然含まれるべき憲法思想史や憲法運用史といった分野での研究は、時代的な制約もあって十分には進まず、もっぱら明治憲法成立史に代表されていたといってよい。

こうした明治憲政史の研究の契機については、国家学会編『明治憲政経済史論』（有斐閣、一九一九年）の刊行事情を述べた吉野作造「明治文化の研究に志せし動機」（大一五）のよく伝えるところである。伊東巳代治は、井上毅・伊藤博文亡きあと憲法制定の立役者の栄を担っていたが、その保持する憲法制定資料については秘密主義をとり、講演依頼にも応じなかった。伊東の頑な姿勢は、反って吉野を会長とし、大審院判事となった憲政史家・尾佐竹猛なども参加する「明治文化研究会」の創設を促したという。

この研究会は、今日でもよく利用される『明治文化全集』(日本評論社、一九二七―三〇年)という貴重な成果をもたらしたが、憲法制定史そのものに迫る基礎史料を欠いていた。これなしには本格的な憲法成立史研究はありえないが、恰も伊東の死去(昭和九年二月)に符節を合わせるかのように、伊藤博文の旧蔵にかかる憲法関係史料が起草者の一人、金子堅太郎の校訂という形をとって『憲法資料』全三巻として刊行された。これは、以後の帝室・議会・官制といった関係史料をもふくむ伊藤博文公編『秘書類纂』とともに、実証的な憲政史研究に道を開くことになるが、伊東巳代治もこれに劣らぬ重要な史料を所蔵していた。

この伊東旧蔵史料へのアクセスを可能にしたのは、伊東家当主伊東治正(巳代治の孫)のリベラルな姿勢と憲法発布五十年記念事業のため衆議院に特設された「憲政史編纂会」の動きである。尾佐竹を委員長とし、渡辺幾治郎・藤井甚太郎・鈴木安蔵などを擁する同編纂会は、それまで未公開とされてきた憲法制定関係文書の調査収集に努めたが、とくに鈴木の働きには特筆すべきものがある。その成果は「憲政史編纂会収集文書」として国立国会図書館憲政資料室に保存されているが、すでに失われた史料の忠実な転写史料もあり、その作業のもつ意義は実に大きい。幸いなことにこのたびマイクロ化されたので、広く利用されるようになるだろう。

この編纂会は、貴重な副産物を産んだ。ここに主題として掲げた「憲法史研究会」がそれである。

3　憲法史研究会と明治立憲制

この「憲法史研究会」は、かねて私が関心を寄せていたもので、ことに鈴木安蔵先生[2]の逝去後まもなく、その所蔵にかかる同会関係資料約二十点を購め、例会での講演記録を見てからというもの、いつかその全容を明らかにできたらと私は考えてきた。そういうわけで、『憲政記念館の二十年』（衆議院憲政記念館編、一九九二年）に寄せられた大久保利謙先生の「大正以降のわが国憲政史研究の回顧」なる副題をもつ文章に接した時の想いは、今でも忘れられない。

吉野作造を中心とする「明治文化研究会」、それに尾佐竹猛を委員長とする衆議院「憲政史編纂会」のあったことは知っていたが、大久保先生はそれらの関連を指摘しつつ、次のように言われる。

なおこの憲政史編纂会のいわば間接副産物といえる憲法史研究会がある。……これは、伊東巳代治の孫の伊東治正伯爵が所蔵の巳代治史料を提供した、巳代治史料研究会であった。恐らくこれも鈴木の画策で……筆者も誘われたので入会した。

当時は、憲法とか軍人勅諭などを、たとえ学問的にも批判検討することは、兎角にらまれる世情だったので、限られた専門学者の会員制として東大の美濃部達吉、京大の佐々木惣一をはじめ宮沢俊義、中野登美雄、藤田嗣雄、それに尾佐竹猛その他各大学一流の公法学者が顔を並べた。これは鈴木の人選である。国史学者では森谷秀亮がいた。会場も、人目をはばかる関係もあってか、治外法権的な華族会館で催した。会員には史料のレプリントが配られ、自由に史料が見られ、毎月の例会で各会員が研究成果を発表し、それがパンフレットになって配布された。これはかなりの号数を重ねた。治正伯爵が私財を投じた純私設の研究会で、一流の学者が集まった明治憲法研究会として注目すべきものであった。戦争の苛烈化で自然消滅し、闇に葬られたような結果となったが、大正以降の憲政史研究史では、原史料研究会として貴重な存在で記録にとどむべきものであるので、一言しておく。

ここには、会員として直接加わった人でなくては伝えることのできない臨場感が満ちているが、大久保先生は、明治憲法公布五十年記念事業のために設けられた「憲政史編纂会」についても、興味ある事実を伝えているので、ついでに紹介しておこう。

編纂スタッフは……尾佐竹の委員長のほか、委員には、ちょうど事業が終わった宮内省の「明治天皇紀」の前帝室編修官渡辺幾治郎、それに尾佐竹委員長配下の鈴木安蔵を据えた。……鈴木は当時の所謂左翼憲法学者で、その立場から『憲法の歴史的研究』（昭和八年、この本は発禁になった）をだして尾佐竹に知られ、この憲法史編纂会に拾われ、史料収集その他企画事務長として敏腕を振るった。……若手では、東大出たての林茂が史料調査の助手として来ていた。

さて、伊東治正が私財を投じて設立し自ら会長となった憲法史研究会は、根本史料によって「帝国憲法の真髄」を究め、「憲法学の発展」と国政運営の「正しき目標と秩序ある規準の確立」に資することを目的として、一九四一年（昭一六）一月一九日に発足した学術的団体であり、その設立趣意書は次のようにいう。

大日本帝国憲法は国家統治の大本たり。この不磨の大典の真髄を闡明するは最も緊喫の責務なりと信ず。吾等聊か時局に対し感慨なき能はず。是に帝国憲法の真髄を正確なる根本史料に基き、謙虚なる学的良心を以て闡明せんことを志し、憲法史研究会を設立し、以て広く同感同学の士の賛同を請はんとす。

この創立集会に加わり、趣意書に名を連ねた人々には、会長伊東治正、『伯爵伊東巳代治伝』の編纂者栗原広太のほか、すでに登場した尾佐竹・渡辺・宮澤・中野・大久保などの諸家、それに岡義武・矢部貞治という両東京帝国大学の政治学者がいる。全部で十六名の会合であったが、とくに書信で賛同協力の意を伝えてきた人も多い。その大半は、佐々木を始めとする京都帝国大学系の学者で、牧健二・小早川欣吾の両法制史家のほか、磯崎辰五郎・黒田覚・田畑忍などの諸教授の名が見えるが、さらに遠方の九州帝国大学からは、今中次麿・河村又介も参加の意思を表している。驚くべき陣容であるが、設立趣意書の連名者に美濃部と鈴木の名前がないということも、見逃してはなるまい。

二人とも最初から正会員であったが、ともに設立趣意書にはその名はない。いうまでもなく、美濃部は天皇機関説事件（昭一〇）以来、表立って憲法問題にかかわりうる立場になかったし、伏字の多い『憲法の歴史的研究』（大畑書店、一九三三年）を著したマルクス主義者の鈴木が、自由に行動できるような時代でもなかったからである。

憲法史研究会には、しかし、ある種の圧力も加わったようである。京都の都ホテルで開かれた臨時総会の折、常任理事の栗原が「嘗て学術振興会、枢密院等から憲法関係史料等を寄附せられたき旨申出でられたこともあった事情」を明らかにし、「当時それに応ずれば絶対非公開的なものになってしまったであらう」と述べたところにそれを窺うことができるし、憲法史研究会の発足後まもなく、「枢府方面にて本会設立に対する杞憂の義起りつゝあり」と伊東会長が報告しているのをみても、それらしい気配が感じられる。その結果、「本会としては飽迄研究機関たる限界を脱せず、行動的なる事を厳につゝしみたき由」の了解が成り、次のような申し合わせをしたという。

　資料については絶体（ママ）門外不出を原則とし、会員各自の研究の便宜は提供するが、一条一句たりと雖も、之を公に発表する場合には本会会員に諮り、同時に所轄官庁の許可を経、更に会長の許可を受くるものとす。

戦後に記念碑的大著『明治憲法成立史〈上・下〉』（有斐閣、一九六〇―六二年）を世に敷かれた稲田正次教授が、その原型となった論考「憲法起草の経過について」を、当時の『国家学会雑誌』に掲載するに際し、「本稿は、昭和十六年六月十九日華族会館における憲法史研究会第五回例会の席上筆者の試みた研究発表の速記録を文章体に書直し、なほ若干筆を加へたものである。同研究会は伊東治正伯がこれを主宰し、伊東伯爵家文書の利用などによる憲法及憲法史の研鑽を目的としてゐる学究団体である。この小論文の発表を許諾せられた会長伊東治正伯並に同会の御好意に対して深き感謝の意を捧げる。」と書き始めているが、これには単なる謝辞以上の重い意味があったわけである。

憲法史研究会の会合は、「十九日例会」とも呼ばれた。「定期研究例会は毎月十九日夜開催のこと」とされたためである。以来三年余りの間に、少なくとも三十三回の研究例会がもたれたほか、春と秋には京都において特別例会も催された。この時は、主として関西在住の研究者の発表の場となり、佐々木惣一はもちろん、先般亡くなった田畑忍教授による講演なども行われている。[3] これを機に入会した人も多く、とりわけ商法の竹田省は、ヘルマン・ロェスラーへの関心から二度も報告を試みている。

京都例会の際は、主要な伊東巳代治遺文書も供覧に付されたから、関西の人々にとっては、「門外不出の厳則」を破って供された根本史料に接しうる絶好の機会でもあった。

会長・顧問を含めて当初三十一名くらいであった会員は、九月には五十一名、二年後（昭一八）の四月には二倍強の六十七名を数えるまでになった。発足当時、「本会をして十分権威あるものたらしめたい希望」と「史料の中には広く公開することは差控えざるを得ないと考へられるものも少なからざるべき事情」の考慮とから、「会員数を現在より甚しく増加することは期待しないもの」とされていたにもかかわらず、である。新入会員としては、清宮四郎・田中二郎・柳瀬良幹といった美濃部門下生や、大石義雄・俵静夫・大西芳雄等の京大系の人々が目立ち、一昨年（一九九二年）喜寿を迎えられた佐藤功先生も、この時もっとも若い研究者として入会し、「プロイセンの予算争議と我が初期議会に於ける予算争議」という詳細な研究報告を披露された。一九四四年（昭一九）一月二十四日、第三十一回例会のことである。

熱心な研究会であった。ほぼ夕方五時半頃から始まり、会食ののち研究発表に移るのであるが、夜十時終了ということも少なくなかった。ただ、時勢には勝てなかったようで、たとえば、「毎例会開催致し居りし会場華族会館も十一月より電力制限の為め午後七時閉館の事と決定せる為、夜間の集会を今後受付けざることに相成り、依て本会の研究会も巳むを得ず午後四時開会と変更せり」と、第二十九会例会通知は伝えている（昭和一八年一一月一〇日付）。

冒頭に紹介した美濃部達吉の講演は、憲法史研究会第四回例会の席上行われたものである。第一回は設立総会、第二回は資料目録の作成等の協議にあてられていたので、それは、第三回の尾佐竹猛の講演「告文と憲法発布勅語と上諭とについて」（三月一九日）に次ぐ本格的な研究発表であった。元来は、しかし、美濃部がそのさきがけとなる予定であったらしく、尾佐竹がにわかに「代用品として」出馬することになったのは、「（美濃部）先生が丹毒になられた為四月か五月の例会に延期と相成り候」（俵静夫あて伊東治正書信、大石所蔵）との事情による。ともあれ、美濃部を実質的な第一回発表者としていたところに、前年（昭一六）夏、諸政党の解散・大政翼賛運動とともに始まったいわゆる近衛新体制に対する抵抗の姿勢を窺うことができよう。

このように、初め三十名程度で出発した研究会は、いわゆる美濃部門下・佐々木門下の人々はもちろん、早稲田の国史学者なども加わって、二年後には二倍強の会員を擁する官民・学派を超えた多彩な集まりとなるに至った。三年後の一九四四年（昭一九）春までに、実に三十数回に上る定例研究会をもち、年二回京都において特別例会を開催するなど、その活動は継続的に行われたが、さらに会員にはすべて、限定番号を付した『憲法諸草案類』『皇室典憲草案』『法律命令論』などの各種翻刻資料や研究例会での講演速記録が配られたほか、「行政裁判法関係資料目録」なども配布されている。研究会はまた、従来「門外不出」とされてきた伊東巳代治旧蔵の原史料に直接接しうる貴重な機会であったが、同時にそれは、「影武者」として評価される嫌いのあった伊東の政治的役割を認識させる契機ともなったのである。

戦後みごとに実を結ぶ稲田正次『明治憲法成立史』全二巻のような実証的な憲法史研究は、こうした緊張感に満ちた活動を通して蓄積され、凝固したものである。その意味で、これを吟味することから歩み始めた小嶋和司『明治典憲体制の成立』（木鐸社、一九八八年）に代表される現在の憲法史研究は、半世紀前の「憲法史研究会」に多くを負っているわけである。

戦局の悪化とともに研究会も自然消滅した形になったが、美濃部達吉を最初の講演者に予定した「憲法史研究会」は、いわばリベラリストの梁山泊であり、その三年余にわたる活動は、立憲学派の最後のレジスタンスでもあったといえよう。

（1）私の憲法史研究会の追跡は、すでに言及した鈴木安蔵先生旧蔵の資料のほか、宮田豊教授所蔵にかかる憲法史研究会関係文書（佐々木惣一旧蔵）の利用によって、初めて可能となった。なお、最近同じように憲法史研究会に関心を寄せる人がいることを知り、意を強くしたので、ここに一言しておきたい。

まず、長く国立国会図書館憲政資料室に在職された広瀬順晧氏（現駿河台大学教授）は、『法律時報』の「史料の窓」欄に二度ほど「憲法史研究会のこと」と題する要領を得た紹介をされ、その見直しの必要を説かれた（同誌一九九二年九月号・十一月号）。大久保利謙先生旧蔵の文書に拠られた由である。次いで、ちょうど私がこの一文を届けた直後、三浦裕史氏の編む伊東巳代治遺稿『大日本帝国憲法衍義』（信山社）が公刊され、その「解題」の中で憲法史研究会について詳しい考察が加えられている。三浦氏の考証は、宮沢俊義文庫（立教大学法学部図書室蔵）その他によりつつ、ほぼその全容を明らかにしたもので貴重である。あわせて参照されたい。

（2）なお、鈴木安蔵『憲法学三十年』（評論社、一九六七年）にも、「憲法史研究会その他」のことが——憲法史を包摂した憲法学の再編成の必要とともに——語られている（一五五頁以下）。

（3）佐々木惣一が行なった講演の速記録は、現在、京都府立総合資料館に所蔵されている（佐々木関係文書一四〇）。

第二部　日本国憲法の制定とその後

VI　憲法制定史の現況と課題

1　日本国憲法成立史と制定過程研究

一　現行憲法成立史概観

明治憲法の改正問題から出発し、その全面否定で幕を閉じた日本国憲法の成立過程は、一般に、ポツダム宣言の受諾にともない、日本側が独自に調査研究の動きを示した「前期」（一九四五年八月～翌四六年一月）と、いわゆるマッカーサー草案の作成に始まり、占領管理体制の論理が強く働いた「後期」（一九四六年二月～一〇月）とに大別される。

ただ、本来、明治憲法の「自由主義化」を意図した「前期」は、現行憲法成立の初期史又は前史ではあっても、明治憲法と根本的に異なった組織原理に立つ日本国憲法の制定に直接意味をもった動きとみることはできない。その主役及び内容の点で「前期」と「後期」との間には大きな断絶があるからである。したがって、固有の意味で日本国憲法の「制定」過程といえるのは、総司令部（GHQ）が主導した「後期」のみであり、これを現行憲法制定過程における「本史」ということができよう(1)。

しかし、この「本史」自体、より細かくみると次の四つの段階に分けることができる。

(1)　総司令部内部における立案（二月三日～同月一二日）

(2)　日本側と総司令部との交渉（二月一三日～三月五日）

(3)　政府案発表と内部的検討（三月六日～四月一七日）

(4)　第九十回帝国議会における審議（六月二〇日～一〇月一二日）

むろん、事態の推移はこれほど単純ではなかったのであり、例えば総司令部による指示又は日本側による申入れなどは、(3)と(4)の段階でも継続して行われていることに注意する必要がある。なお、この(3)・(4)の間には、内閣の交代・枢密院による審査[2]（五月二二日～六月八日）などもあった。

このうち、早くからその内容が明らかになったのは、(4)の制憲議会における両議院の本会議・憲法改正特別委員会の審議であり[3]、その核心部分を形づくる衆議院の特別委員会小委員会（いわゆる芦田小委員会、七月二五日～八月二〇日）の速記録はつい最近まで秘密扱いとされてきた。というのも、いろいろな政治的思惑から、一九五六年（昭三一）五月の衆議院議院運営委員会の決定により、とくに国会議員に限って閲覧が許可されるものとされ、一般国民の目に触れさせない措置がとられたからであり、この間、後述の憲法調査会の委員のみが例外的に閲覧を許されたにすぎない。国民主権を標榜する民定憲法のもと、実に奇妙な決定であったが、この秘密議事録は[4]、いわゆる戦後五十年を契機に、昨年ようやく衆議院事務局編『帝国憲法改正案特別委員小委員会速記録』（衆栄会、一九九五年）として公刊されるに至った。そして参議院も、「開かれた国会」の理念から、事務局の遺した貴族院『帝国憲法改正案特別委員小委員会筆記要旨』（九月二八日～一〇月二日）を公表している[5]。

二　制定過程研究の進展

とはいえ、皮肉なことに、その間、現行憲法制定史のいわば本体をなす右の(1)・(2)の動きは、一九五二年(昭二七)四月二十七日をもって連合国による占領管理体制が解除されて以来、急速に解明されつつあった。これ以前にも、例えば、占領軍当局者によるアメリカ合衆国政府あての報告書『日本の政治的再編成』(Political Reorientation of Japan, 2 vols., 1949) の部分訳である「日本の新憲法」が公表され(6)(一九五一年)、(1)の総司令部案起草から(3)の日本政府「憲法改正草案要綱」(三月六日案)の発表にいたる核心的な「暗転」の舞台が明るみに出されたこともあった。けれども、所詮、関係者が口を封じられていた占領時代に得られる情報は、ごく限定されたものでしかない。

その意味で、日本国の主権回復を告げる占領終了は、本格的な憲法制定過程研究の開始を告げる鐘でもあったが、とくに憲法調査会が設置され(一九五六年)、その作業の一環として現行憲法の制定経過の問題が取り上げられたことは、制定過程研究にとって大きな意義をもつ。その調査は公的な権威を背景として行われ、海外調査をも含めてほとんどすべての関係者から陳述を得るとともに、憲法制定に関わる各種の資料を整理するというように、かなり徹底した方法で進められたからである。その成果は『憲法制定の経過に関する小委員会報告書』(憲法調査会、一九六四年)として刊行されたが、これと相前後する形で、同会にも参考人として出席した日本側の主要当事者、元法制局長・入江俊郎と同次長・佐藤達夫による詳細な憲法制定経緯が公表された意味も大きい(7)。

これらは、しかし、主として右の(2)・(3)、つまり日本側のGHQとの交渉以後の経過に焦点を当てたもので、本史の端緒となる(1)、すなわち総司令部内部における立案過程まで遡って抉り出したわけではない。それを解明するには、GHQ当局者、とくにマッカーサー草案の起草に当たった民政局「運営委員会」のメンバーが保存している史料の検討は不可欠であるが、この点で画期的なのは、高柳賢三＝大友一郎＝田中英夫編著『日本国憲法制定の過程Ⅰ・Ⅱ』（有斐閣、一九七二年）である。これはM・ラウエルの所蔵文書を基礎とした資料集で、精緻な解説と相俟って、憲法制定史研究に広い展望を開くものであった。そしてこの前後から、総司令部内部の動きをより詳しく探索する作業が進んでいたが、最も基礎的な資料を含むA・ハッシーの文書を写真版の形で示した犬丸秀雄編『日本国憲法制定の経緯』（第一法規、一九八九年）は、その貴重な成果といえよう。(8)(9)

これに関連して注目すべきことは、最近、日本国憲法の制定をめぐる国際的環境の問題を視野に入れつつ、占領管理体制の全容を解明しようとする「比較占領史」又は「日本占領史」の研究が頓に進んできた点である（例、豊下楢彦『日本占領管理体制の成立』〈岩波書店、一九九二年〉、荒敬『日本占領史研究序説』〈柏書房、一九九四年〉など）。前者はヨーロッパ占領体制との比較を主眼とし、後者は占領当局と日本政府・国民との関係に着目するものであるが、ともに米国政府と他の連合国又は極東委員会との関係を明らかにする試みといえる。その関係で、総司令部関係資料や極東委員会文書なども次々と公にされており（竹前栄治＝中村隆英監修『GHQ日本占領史』〈全五五巻＝日本図書センター、一九九六―二〇〇〇年〉参照）、今後が一層期待されるところである。(10)

三　制憲史研究の課題

このように現行憲法の制定過程は、その国際的環境という側面を含め、一昔前にはまったく予想されなかったほど明確な姿を現してきたといえよう。しかし、憲法史としてみるときは、なお課題がないわけではない。

まず、われわれに与えられる憲法制定史研究の素材は、たしかに豊富になってきた。けれども、それに対する実定法的な分析が充分に行われてきたかといえば、残念ながら、必ずしもそうとは限らない。このことは、実は、いわゆるマッカーサー・ノートのような既知の資料についてすら言えるのであって、後でその一例を取り上げるが（2三参照）、増加の一途を辿る歴史的素材を前にして、憲法制定史研究は、より着実な実定法的な分析を施すことが求められていると言えよう。

次に、国会法・内閣法・財政法・裁判所法などのいわゆる憲法附属法の立案過程の問題がある。日本国憲法の施行を睨みながら行われたその作業は、当然、一定の憲法解釈を前提として進められ、憲法体制の内実を左右する面をもつという意味で無視できない。とくに見逃しえないのは、「憲法大臣」金森徳次郎（元法制局長官）を事実上の会長とし、制憲議会における憲法草案の審議と並行する形で検討を進めた臨時法制調査会の作業である。これには佐々木惣一・宮澤俊義といった学会の制憲議会メンバーのほか、我妻栄・牧野英一・杉村章三郎その他多数の法学者も参加していた（3参照）。

むろん、この面では、狭い意味での憲法制定資料のみならず、広い範囲で資料収集を行うことが不可欠である。幸いなことに、臨時法制調査会関係資料については、前記の入江及び佐藤の遺した豊富な資料とともに、すでに国立国会図書館憲政資料室に収蔵され、利用に供されている。[11]逸早くこれを活用した例として、芦部信喜＝高見勝利編『日本立法資料全集1　皇室典範』（信山社、一九九〇年）もあり、入江文書はマイクロフィルム化されている（発行先は書肆・澤井）。

2　占領管理体制とマッカーサー草案

一　日本占領管理体制

アメリカ合衆国軍隊を中心とする日本占領管理体制は、一九四五年（昭二〇）九月から六年半余り続いたが、占領軍によるその間接統治は、とくに「占領と管理」（occupation and control）という表現で示される特色をもつ。すなわち、それは、被占領国の政治体制の全般にわたる革新を目指す点において、例えば一九〇七年のハーグ陸戦法規が想定していたような、伝統的な軍事占領又は占領地行政のあり方とは大きく異なっていた。もっとも、この点は連合国によるイタリアやドイツなどの占領についても同様であり、したがってその点は、むしろ、このたびの戦後処理に共通する特徴といえよう。

比較占領史の観点からみると、日本占領に固有の特徴は占領管理体制に関する国際的な協定をまったく欠いていたことにあり、この点で、連合国間（具体的には英米ソの三国間）の各種協定によって管理体制が築かれたヨーロッパ占領の場合と根本的に異なっている。そのため、日本占領体制は、ポツダム宣言（七月二六日）や降伏文書（九月二日）を基礎としながらも、主として、早い時期から対日政策を検討していた米国政府が決定し、D・マッカーサーに伝達した各種の指示によって形づくられることになった。その際、軍事面に限定されるはずだった連合国最高司令官（SCAP）の権限が包括的な占領管理権に拡大されたこと、アメリカの対日占領政策の形成には、国務・陸軍・海軍三省調整委員会（SWNCC）が大きく寄与したことに注意しておく必要があろう。

二　統治体制改革プラン

さて、ポツダム宣言は、戦争犯罪人の厳重処罰・民主主義的傾向の復活強化・基本的人権の尊重確保などを日本政府に義務づけるとともに、「基本的諸目的の達成」及び「国民の自由に表明せる意思」に従った「平和的傾向を有し且つ責任ある政府」の樹立を占領解除の条件として明記したが、それ以上に特定の憲法原理や政治制度を要求するものではなかった。[12] しかし、一九四六年(昭二一)一月に合衆国政府で採択し、最高司令官宛に送付された「日本の統治体制の改革」を内容とする文書（SWNCC-228）は、次のような具体的プランを含んでいた。

① 行政部は、その権威が選挙民又は国民を完全に代表する立法部に由来し、それに対し責任を負うこと。

② 立法部は、選挙民を完全に代表するものであり、予算の項目を削減、増加し又は新項目を提案する完全な権限を有すること。

③ 県政府の職員は、できる限り多数の民選又は地方での任命にすること。

しかも同文書は、いわゆるバーンズ回答(前年八月一一日)にならい、「最終的な政治形態は、日本国民の自由に表明せる意思によって決定されるべきもの」としつつ、天皇制を「現在の形態で維持すること」はできないと断じ、それを維持する場合の条件をも示していた。そこに大臣助言制や軍事に関する権能の剥奪などがあるのはともかく、次の二項に示された統治形態は、いわゆる議会支配制の要素を取り入れた議院内閣制に外ならないように見える。

④ 国民代表たる立法部の助言と同意に基づいて選任される国務大臣が、立法部に対して責任

を負うこと。

⑤　内閣が国民代表たる立法部の信任を失うときには、内閣は辞職するか又は選挙民に訴えるか、そのいずれかをとらなければならない。

一般に、権威主義的体制の崩壊後に議会中心型の政治制度が歓迎されることは、比較憲法史のよく示すところである。それにしても、右のプランは、相当特定された憲法構想であって、「日本国民の自由に表明せる意思」の尊重という基本姿勢にもかかわらず、かなり踏み込んだ国家改革案だといってよい。

三　マッカーサー草案とその後

ちょうどこの頃、前年秋以来検討を重ねてきた憲法問題調査委員会（いわゆる松本委員会）によって具体的な憲法改正案が作成されていたが、これと右の「日本の統治体制の改革」プランとの懸隔は大きかった。そこで、憲法改正問題の処理権限を与えられているとの確信を得た最高司令官は、松本委員会案スクープの二日後（二月三日）、憲法改正の必須要件を示したメモを民政局長C・ホイットニーに手渡し、憲法草案の起草に着手するよう命じた。そのメモが、いわゆるマッカーサー・ノートである。[13]これは、「紛争解決のための手段」としての戦争のみならず、「自己の安全を保持するための手段」としての戦争をも放棄する旨を述べ、現行憲法第九条の原型を含むことで広く知られている。

しかしながら、それ以外の内容に対する関心は決して高くなく、分析も充分とはいえない。例えば、それは「予算の型は英国制度に倣うこと」を特記しているが、この点について実定法的な分析を試みた例は、これまでほとんどない。[14] 衆知のとおり、イギリス型予算制度では、議会メンバーの発議による予算の増額修正は禁止されているが、右のメモはその趣旨を表すのであろうか。しかし、こう解するときは、右に紹介した「日本の統治体制の改革」プランの②とまったく相容れないだけでなく、それを踏まえて起草されたマッカーサー草案（二月一三日）が、とくに「国会は、予算における如何なる項目をも不承認、減額、増額、拒否することができ、また、新たな項目を付加することができる」（八〇条）と述べたこととも矛盾する。したがって、「予算の型は英国制度に倣う」との指示は、まったく違った意味で理解されなくてはなるまい。[15]

さて、国民主権をうたい、象徴天皇制・戦争の放棄・一院制国会・最高裁による違憲法令審査制などを盛り込んだマッカーサー草案の提示は、総司令部による一種の指令であったが、日本側はこれを基礎として、松本国務大臣と佐藤法制局第一部長を中心に、いわゆる三月二日案を作成し、民政局との交渉に臨んだ（三月四日）。そして、急遽、英文に反訳しながら行われた徹宵交渉は、心ならずも重責を担った佐藤が「顧みて慄然たるものあり」と歎じた劇的な作業でもあった。近年、この時の交渉の素材となった英文憲法草案の全容も明らかにされたが、[16] 内閣の発表した全九十五項の「憲法改正草案要綱」（三月六日）はこうして成立したもので、その内容は、むろん二カ月前の松本委員会案からは到底想像できないものになっていた。

これ以後、平がな口語体の「帝国憲法改正草案」の発表（四月一七日）を経て、「憲法制定議会」たる第九十回帝国議会への付議（六月二〇日）へと至る制憲史の流れは、先にも述べたように、比較的早くから知られている。この制憲議会の審議に当たって、マッカーサーは、とくに討議三原則に関する声明を発し、改正憲法が明治憲法との「完全なる法的継続性」を保つこと、憲法の採択が「日本国民の自由なる意思を表明する」ものになるべきことなどを述べた。その内実は、しかし、最高司令官の措置に不満をもつ日本占領管理機関・極東委員会（FEC）が一月前にワシントンで決定し、彼に伝達してきた「日本新憲法採択に関する基準」をそのまま取り入れたにすぎない。

3　臨時法制調査会と憲法附属法の立案

一　臨時法制調査会の法案要綱

第九十回帝国議会（臨時会）は、四回、合計七十四日間もの会期延長を行なって、憲法典を議決すると同時に、生活保護法・労働関係調整法・自作農創設特別措置法など五十六件の法律を通過させ、十六件の緊急勅令に承諾を与えて、十月十一日に閉会した。この間、政府は、臨時法制調査会その他の審議会・調査会を設け、憲法改正に伴って必要な措置の検討を進めたが、この点では、先に述べたように、臨時法制調査会を中心とする憲法附属法の立案過程に目を向ける必要があろう。

内閣総理大臣を会長とする同調査会は、「近く行はれる帝国憲法改正は、画期的な大事業であるが、これに伴って必要なる諸般の法制の整備は、広汎多岐にわたり、且つ、慎重検討を要するものがあるので、特に調査会を設けて、所要の研究を行はしめる必要がある」という理由から設けられたが、実は、先の「憲法改正草案要綱」の発表前後から、その設置は日程に上っていた。それが数カ月もずれ込んだ事情については、同会幹事長を務めた入江俊郎の書き留めた以下のメモが要を得ている（国立国

会図書館憲政資料室蔵・入江関係文書六九「臨時法制調査会第一回総会議事速記録」の赤ペン書)。

二十一年三月十二日の閣議で、次の特別議会に憲法改正案提出の件の根本方針を閣議決定すると同時に、臨時法制調査会設置の件の閣議決定をした、こえて三月十五日の閣議では、右臨時法制調査会の運用方針を附議、その細目を閣議決定している。ところが、実際の発足は二十一年七月三日となり、七月十一日の第一回総会であった。それはこの間に政変等あり、委員の人選もおくれた為であった。

吉田首相から、「憲法の改正に伴ひ、制定又は改正を必要とする主要な法律について、その法案の要綱を示されたい」との諮問を受けた調査会は、約三カ月の間、四つの部会に分かれ、各部会の中には小委員会を設けて精力的な検討を重ね、中間報告（八月二一日・二二日）を経て、議会閉会後の第三回総会（一〇月二二〜二四日）で、答申内容を決定している。

こうして取りまとめられた要綱は、皇室及び内閣関係を担当した第一部会で皇室典範改正案・内閣法案・官吏法案など五件、議会関係を対象とした第二部会で国会法案・衆議院議員選挙法案の二件、司法関係担当の第三部会で裁判所法案・検察庁法案・民法中改正法案・刑事訴訟法中法案など十件、そして財政関係その他を検討した第四部会で財政法案・訴願法中改正法案の二件、合計十九件に上っている。次の第九十一回議会と最後の帝国議会（第九二回議会）で議決された法律の多くは、こうして調査会が答申したものを主務省で法案化し、法制局の審査を経て政府案としたものに他ならない（ただ、国会法は、後述のように例外をなす）。

二　日本国憲法と法案要綱

臨時法制調査会の審議経過と答申内容には、日本国憲法との関係からみて、いくつか注目すべき点がある。

まず、調査会の設置が閣議決定された後、早速「憲法の改正に伴ひ、制定又は改正を必要とする主要な法律」について、事務レベルの検討が行われたごとくで、現に五月十四日付「憲法を施行するために必要な法律等調」も見出される（前掲・入江文書六八）。その調査結果は、臨時法制調査会の第一回総会の席上、「憲法を施行するために制定又は改廃を必要とする法律案の件名概略」として委員に配布されたが、これは、調査会で当初検討することが予定されていた内容を示すもので、見逃せない。

すなわち同リストは、「一、制定又は全部改正を要するもの」十六件、「二、一部改正を要するもの」二十四件、「三、廃止を要するもの」二件（明治皇室典範と行政裁判法）、合計四十二件を列記している。[17]最前者の中には、公式令・国会法（議院法）などとともに、「最高裁判所判事国民審査法」「国民投票法」も含まれていた。最高裁判所裁判官国民審査法の前身が見えるのは当然として（憲法七九条参照）、ここに「国民投票法」が挙げられ、国会関係を扱う第二部会の担当とされたことは、いわゆる半直接民主制の観点からみて、きわめて興味ぶかい。ただ、それはまもなく部会の検討対象から外されたごとくで、その法案名の下に何が考えられたのかは判然としない。

次に、調査会の答申に盛り込まれた要綱の中で異色なのは、「基本的人権保護法案」である。これは、「不法又は不当に身体の自由を拘束された者があるときは、本人又は関係者に於て最高裁判所に拘禁の理由に付取調を要求することができるものとすること」を提案したものである。この点で、人身保護法（昭和二三年法律一九九号）の原型をなすものといえるが、その立案は当初調査会に示された検討事項にはなく、司法関係を担当した第三部会の発案にかかるものであった。

ここで、最高裁判所に大きな役割が期待されていることも注目される。さらに、答申に盛られた刑事訴訟法改正案要綱（裁判所法案要綱も同じ）は、「憲法問題について最高裁判所の裁判を求める手続」を法定することを求め、次のように提案していたことも見落とすことができない。

下級裁判所は、適用すべき法律、命令若しくは規則又は判断すべき処分が憲法に違反する疑ひがあるときは、その点について最高裁判所の裁判を求めることができるものとすること。

むろん、その具体的なあり方は必ずしも明確でない。だが、それは、いわば移送・集中型の違憲審査制を念頭に置いた提案とも考えられ、日本国憲法の下において、現行制度のような運営が必ずしも固定的に要求されていたわけではなく、より広い制度選択の幅を示すものとして見逃すことができない[18]。

三　他の調査会・総司令部との関係

また、臨時法制調査会の審議経過をみると、他の調査会等と連絡調整を行いつつ進められたことが明記されている。とくに、総司令部の指令で設けられた「教育刷新委員会」、司法省に設置された「司法法制審議会」[19]との連絡は密であったようで、それらはいわば「三位一体」（金森副会長の発言）の関係にあった。その間の調整内容は必ずしも明らかでないが、次の入江幹事長の発言は、並行して行われたこれらの調査会との関係について注意を向けることとの必要を教えている（七月十一日第一回総会）。

要するに具体的の実際の調査は、此等司法制度、労務関係、或は教育関係の委員会でやって戴きますが、それ等の結末を承けまして、此の臨時法制調査会で最後の意見を調査会としては決めて行きたいと云ふ風に考へて居るのであります、さういふ関係で司法法制審議会に付きましては、出来得る限りこちらの司法部会の委員が、同時に司法省の方の司法法制審議会の委員にして戴くやうな手続を執って居ります、教育方面に付ては司法制度程に密接不可分の関係はないかも知れませぬが、出来るだけ委員或は幹事等の人的結合に依りまして、表裏一体となって、矛盾なく又二重になることのないやうにして両方審議を進めて有終の美を収めたいと云ふ風に考へて居る次第でございます。

憲法附属法として「制定又は全部改正を要するもの」の一つに掲げられた国会法案要綱の立案についても、同様の調整問題があった。が、この場合、行政内部の問題よりむしろ立法府と行政府との関係を含み、さらに総司令部との関係でも注意すべき事情があった。その点をよく示すのが、第二部会の大池眞(衆議院書記官長)の発言で、同委員は、「憲法が若し変れば国会と云ふものが唯一の立法府であるのであるから、少なくとも自らの国会法と云ふものは議会の方で十分考へを練って出すべきものではないか」とのGHQの指摘[20]により、衆議院に議院法規調査委員会が発足した事情を伝え、次のように要請している。

G・H・Q等の「サゼッション」では、今から早く手を著けて此の議会に出すように研究して欲しいと云ふやうなことでありまして、今後議会中と雖も隙を見て逐次国会法に関する法律案の内容に付ては、十分に調査考究をされる筈になって居りますので、偶々此の調査会に於ても、此の国会法に関する法律案を制定します要綱等を作ります際に於きましては……こちらの意見と議院関係の方の意見が食い違ふこともあってはならぬと思ひますので……其の間の調整を滑らかに御取り願ふやうなことを、この総会でも御協力願ひたいと、斯う考へて居ります……

日本側と総司令部との間には、政府立案か議会立案かという基本的な視点の差があったわけである。衆知のように、その後、後者の線で国会法は成立するが、(21) これについては、元来、いわゆる議院法伝統に引き摺られた特有の憲法問題があることは、改めて言うまでもない。(22)

(1)　参照、大石眞『日本憲法史』（有斐閣、一九九五年）二六九頁以下。

(2)　枢密院の審査の模様については、村川一郎編『帝国憲法改正案議事録』（国書刊行会、一九八六年）参照。

(3)　参照、佐藤功『憲法改正の経過』（日本評論社、一九四七年）、岡田亥之三郎編『日本国憲法審議要録』（盛文社、一九四七年）及び清水伸『逐条日本国憲法審議録』全四巻（有斐閣、一九六二〜六三年）。

(4)　これ以前すでに、公開されたアメリカ側資料を反訳した森清監訳『憲法改正小委員会秘密議事録』（第一法規、一九八三年）を通じて、その模様はかなり再現されていた。なお、最近、芦田均の遺文書も国立国会図書館に寄託され、憲法改正案特別委員長時代の「ノート」など、その憲法制定に関する資料も閲覧可能になっている（憲政資料室蔵「芦田均関係文書」一七〇以下）。

(5)　この点も、すでに尚友倶楽部編『貴族院における日本国憲法審議』（一九七七年）によって、ある程度判明していた。

(6)　連合国最高司令部民政局「日本の新憲法」（小嶋和司＝久保田きぬ＝芦部信喜訳）国家学会雑誌六五巻一号所載。同訳を転載したものに、憲法調査会事務局版（憲資・第一号、一九五六年）及び清水伸『逐条日本国憲法審議録・第四巻』（一九六三年）六一八頁以下がある。

(7)　参照、入江俊郎『日本国憲法成立の経緯』（憲法調査会、一九六〇年）、佐藤達夫『日本国憲法成立史』一・

二巻（有斐閣、一九六二・六四年）。このうち、前者はのちに『入江俊郎論集・憲法成立の経緯と憲法上の諸問題』（第一法規、一九七六年）に収められ、後者の『日本国憲法成立史』三・四巻は、最近、佐藤功博士の手により補訂版が完成された（同上、一九九四年）。

（8）とくに、田中英夫『憲法制定過程覚え書』（有斐閣、一九七九年）参照。

（9）総司令部での検討の模様を垣間見せるエラマン・ノートを示した村川一郎＝初谷良彦編『日本国憲法制定秘史』（第一法規、一九九四年）、笹川隆太郎＝布田勉＝ヴィクター・カーペンター「エラマン手帳（E）メモ」石巻専修大学経営学研究六巻一号・二号（一九九四年）なども参照。

（10）参照、『極東委員会——George H. Blakeslee, THE FAR EASTERN COMMISSION』全二巻（東出版、一九九四年）。

（11）国立公文書館にも、元法制局部長井手成三の遺文書が所蔵され、すでにその多くが公開されている。

（12）ただ、衆知のように、「国会の自由に表明せる意思」が国民主権の要求を含むかどうかは問題である。

（13）よく「マッカーサー三原則」と呼ばれるが、その成立ちとその呼称が適切でないことについては、佐々木高雄『裁判官弾劾制度論』（日本評論社、一九八八年）六三頁以下、同『戦争放棄条項の成立経緯』（成文堂、一九九七年）一頁以下を参照。

（14）例外的に、小嶋和司『日本財政制度の比較法史的研究』（信山社、一九九六年）三八九頁がある。

（15）この点の検討については、後述のⅦ「憲法制定過程と解釈問題」1六（本書一二八頁以下）参照。

（16）笹川隆太郎＝布田勉「憲法改正草案要綱の成立の経緯(1)」石巻専修大学経営学研究三巻一号（一九九〇年）六八頁以下。

（17）同リストは、「一部改正を要するもの」としては、国有財産法・昭和十四年法律第七十八号（寺院等ニ無償ニテ貸付シアル国有財産ノ処分ニ関スル法律）・国籍法・陪審法などを挙げている。このうち、第二の無償貸付国有財産処分法の改正問題については、後述の第三部Ⅸ・Ⅹ論文（本書二〇一頁以下）を参照。

(18)　その点で、一九五四年（昭二九）七月、衆議院法務委員会の「上訴制度に関する調査小委員会」及び「違憲訴訟に関する小委員会」の連合会に参考人として出席した宮澤俊義ほか数人が積極説を述べていることは、注目されよう（兼子一は反対）。参照、憲政資料室蔵「臨時法制調査会資料」七。

(19)　臨時法制調査会と司法法制審議会とが一体的であったことについては、大石「裁判所法成立過程の再検討――憲法上の論点を中心として」園部逸夫先生古稀記念『憲法裁判と行政訴訟』（有斐閣、一九九七年）一六四頁以下を参照。

(20)　元民政局国会課長J・ウィリアムズは、「内閣の調査会は議院法を『研究』することはむろん、改正に手を染める法的根拠は何も持っていなかった」と指摘する。市雄貴＝星健一訳『マッカーサーの政治改革』（朝日新聞社、一九八九年）四〇頁。

(21)　国会法の制定過程については、とくに西沢哲四郎『国会法立案過程におけるGHQとの関係』（憲法調査会、一九六四年）参照。なお、これに関する西沢の遺文書も国立国会図書館に所蔵されている（憲政資料室蔵「西沢哲四郎関係文書」二三七以下）。

(22)　参照、大石『議院自律権の構造』（成文堂、一九八八年）二一一頁。

Ⅶ　憲法制定過程と解釈問題

1　マッカーサー草案への道

一　「日本国憲法の原型」

日本国憲法と明治憲法とを比較した場合、拠って立つ基本的な原理の上でも規定された内容の面でも大きな違いのあることは、憲法の教科書などでよく強調されているが、何より成立過程の点で両者の間には著しい差異がある。このため、日本国憲法の成立については、明治憲法の場合にはまったく問題にされない「憲法の自律性」(芦部信喜)[1]なる原則が、とくに問われるということにもなる。

すなわち、日本国憲法の成立過程は、一九四五年(昭二〇)八月十四日にポツダム宣言を受諾した時から始まり、内大臣府における憲法改正調査、これに代わる形で発足し、「憲法の自由主義化」を目標とした憲法問題調査委員会による検討、そしていわゆる松本草案の起草というように続いていく。ここに松本草案といっても、形としては、明治憲法の条規に対して数多の加除を施したものにすぎないが、結局、翌一九四六年(昭二一)二月十三日に突如提示されたマッカーサー草案の出現によって、同案は葬り去られてしまう。

外務省で仮訳され、二週間後の臨時閣議で配布されたマッカーサー草案（全一一章九二条、前文付き）は、一院制国会を前提とし、最高裁の違憲判決に対する国会の再審制を想定する（四一条・七三条）など、現在の日本国憲法とは大きく異なっている面もある。だが、それは多少の修正を経てやがて現行憲法となるのであり、その意味で「日本国憲法の原型」[2]（宮澤俊義）と位置づけられる。

したがって、憲法成立史を憲法典の成立過程、つまり憲法制定史という意味に用いるとすれば、現行憲法制定史と呼ぶことができるのは、いわゆる占領軍、つまり連合国軍の最高司令官総司令部（GHQ）が用意したマッカーサー草案の起草過程からということになろう。

二　総司令部主導の制憲史

この総司令部における草案起草作業は、わずか一週間余りのうちに完了するが、決して無造作に行われたわけではない。それは、ポツダム宣言や降伏文書のみならず、戦後処理政策を早くから検討していた合衆国政府が占領管理のあり方について発した数々の指示を前提とし、その基礎の上に進められた。とくに国務・陸軍・海軍三省調整委員会（State–War–Navy Coordinating Committee）により採択され、一九四六年一月十一日に最高司令官に送付された「日本の統治体制の改革」を内容とする二二八号文書――スウィンク・ツーツーエイト（SWNCC–228）と略称される――は、総司令部民政局の「制憲会議」で取り上げるべき憲法改正の項目を具体的に列示している点で、二月三日に示されたいわゆるマッカーサー・ノートとともに、憲法制定史上きわめて重要な位置を占めている。

その意味で、日本国憲法制定史はやはりポツダム宣言の受諾の時から始めなくてはならないが、以後の経過については、やや時間をおいて、しかも日本政府部内の動きよりむしろ、アメリカ政府と総司令部との関係、総司令部内の作業、総司令部と日本側との交渉といった側面に注意する必要がある。

そこで、衆議院議員総選挙や貴族院での皇族議員全員の辞職などにより装いを新たにした第九十回帝国議会（臨時会）に、政府が「日本国憲法」と題する改正草案を提出するに至る過程で留意すべき主要な事実を挙げれば、次のごとくである。

一月十一日　「日本の統治体制の改革」の送達
二月　四日　総司令部民政局による「制憲会議」開始
二月十三日　マッカーサー草案の提示
三月　二日　日本政府の改正案
三月　四日　総司令部と日本側との徹宵交渉
三月　六日　憲法改正草案要綱（全九五項）の公表
四月十七日　憲法改正草案（平かな口語体、全一一章一〇〇条）の発表

右のように言うことは、しかし、この間の日本側の動きがまったく無駄であったという意味ではない。

まず、日本政府は、マッカーサー草案を基本にしながらも、すでに了解済みだった両院制を前提とし、全体として簡潔な文体に改めた草案を作成した。この「三月二日案」（全九章一〇九条、前文なし）は、三月四日夕方から翌日午後にかけての総司令部との劇的な徹宵交渉において、両院制などを除き、ほぼマッカーサー草案の線まで引き戻されたことから、結果的にほとんど意味を失うことになった。

ただ、その第百一条「地方公共団体ノ組織及運営ニ関スル規定ハ地方自治ノ本旨ニ基キ法律ヲ以テ之ヲ定ム」のように、マッカーサー草案には存しなかった規定が総司令部当局者に積極的に評価され、現行憲法第九十二条として生き残ったものもある。

三　ラウエルの憲法意見

この点で興味ぶかいのは、当初から憲法問題を担当し、日本側が明治憲法の「自由主義化」の方針を打ち出したちょうどその頃、明治憲法を対象とする分析レポート（一二月六日付）を提出していた民政局法規課長マイロ・ラウエル（Milo E. Rowell, 1903-1977）が、民間草案に対して示した反応である。(3)ラウエルは、このレポートの中ですでに地方自治の重要性を指摘していたが、有力な知識人グループ「憲法研究会」の起草した改正案に接した彼は、アメリカ政府から「日本の統治体制の改革」を送付されたその日（一月一一日）に、憲法研究会案に対する詳細な意見を最高司令官に提出している。(4)

ここで、「地方自治についてては全然ふれていない」ことへの不満が示されたのは、当然である。けれども、とくに注目すべきは、この意見を総括する形で、ラウエルが「この憲法草案中に包含されている諸条項は、民主的で、かつ承認できるものである」としながら、重要不可欠と考えられる諸点を列記し、これを織り込んだ憲法でなくてはならないと論じた「要約」部分である。左にその主要なものを掲記してみよう。

a　憲法は国の最高法規であることを明確に宣明すること

b　国民の権利を追加し、以下のことを実現すること

(2)　刑事事件における迅速な公開裁判を保障すること
(3)　刑事被告人が同一の犯罪について二重の危険に曝されることを禁止すること
(4)　自己負罪に対する保護を確立すること
(5)　刑事被告人が自己に不利益な証人のすべてと対決する権利を保障すること
(6)　刑事被告人が弁護人に弁護を依頼する権利を保障すること
(7)　不当な捜索および押収に対し国民を保障すること

e　裁判所が立法を違憲と宣言する権限をもち、かつそれは国会による再審査に服し、国会は両院の三分の二の議決によりその宣言を破棄できることを明確に規定すること

g　憲法の改正は、国民の過半数の投票による承認を得て、はじめて有効になるようにすること

i　都道府県及び市町村の主要職員の公選を規定する条項を設けること

このように、ラウエルの提案は、日本側の諸草案では見られなかった刑事手続に関する保障に特別の配慮を示すなど相当具体的なものであり、この一月後に成立するマッカーサー草案の内容を先取りした形になっている。実際、例えばbに掲げられた諸点は、a・eなどの事項とともにすべて同案に具体化されており（三三条・三六条～三八条、七三条・八六条・八九条・九〇条）、その意味で、ラウエルの所見は「マッカーサー草案の素描」（佐藤達夫）と評される。しかも、こうした検討が行われたということは、同時に、憲法研究会案が同案の成立に――そして日本国憲法の制定過程にも――ある影響を与えたことをも示唆している。

さて、同じ日の前記「日本の統治体制の改革」は、文書の性質上、国民の権利に関しては、「日本臣民及び日本の統治権の及ぶ範囲内にあるすべての人に対し、基本的な市民としての権利を保障すること」を述べるにすぎない。しかし、統治機構の問題についてみると、それはかなり具体的な憲法構想を提示しており、その意味で刑事手続保障に関する右のラウエル意見が有したような意義をマッカーサー草案に対してもつことになる。

四　「日本の統治体制の改革」

ポツダム宣言は、所要の改革を行なった上で「日本国国民の自由に表明せる意思に従ひ平和的傾向を有し且責任ある政府」（一二項）を樹立することを求めたにとどまるが、アメリカ合衆国政府は、前年秋以来の検討の成果を踏まえ、最高司令官が日本政府に指示すべき改革案の内容を伝達していた（一月一一日）。

これが「日本の統治体制の改革」[5]（SWNCC-228）で、天皇制を維持するかどうかに応じた処方箋を用意するという形をとりながら、必要な改革点を列挙したものである。その中で「選挙権を広い範囲で認め、選挙民に対し責任を負う政府」を樹立し、「国務大臣又は内閣閣員はすべての場合に文民でなくてはならない」としたのは、ポツダム宣言の延長線上にある憲法構想とも考えられる。しかし、例えば、次のような「結論」は、立憲的な責任政治を議会支配制的な議院内閣制という形で実現しようとするもので、相当に特定された統治機構案というべきであろう。

a(2)　行政部は、選挙民に権威が由来し、それに責任を負うものとし、又は選挙民を完全に代表する立法部に責任を負うものとすること。

d(1)　国民代表たる立法部の助言と同意に基づいて選任される国務大臣が、立法部に対し連帯して責任を負う内閣を組織すること。

d(2)　内閣は、国民代表たる立法部の信任を失うときは、辞職するか選挙民に訴えるかのいずれかを選ばなくてはならないこと。

d(3)　天皇は、内閣の助言に基づいてのみ一切の重要事項を行いうること。

いずれも、のちのマッカーサー草案で採用されているが（三条・五七条・六一条・六二条参照）、ここまで踏み込んで改革の実施を命令するのであれば、日本の最終的な政治形態は「日本国民の自由に表明せる意思により決定されるべきもの」とする建前と「明らかな矛盾」(6)（ジョージ・ブレイクスリー極東委員会政治顧問）を来すことになる。この視点からすると、現行憲法制定史はその顕在化過程ともいえるが、それは占領管理機構内部の権限争議という形でも表れ、とくに最高司令官が憲法改正案を用意し、検討する権限をもつかどうかは大きな問題となった。

五　連合国内部の「憲法争議」

日本占領について共同管理方式を実質化すべく、一九四五年（昭二〇）十月三十日に設けられた極東諮問委員会（FEAC）は、年末のモスクワ外相会議で「対日理事会」（ACJ）と「極東委員会」（FEC）に再編されることになったが、この時の「極東委員会付託条項」(7)（一二月二七日）によれば、①アメリカ政府は、極東委員会の政策決定に基づいて連合国最高司令官に対し指令を発することができる

（緊急の場合には、それがなくても中間指令を発しうる）、②但し、「日本の憲政機構……における根本的な変更に関する指令」には、すべて極東委員会の事前協議・承認を必要とする、とされた。憲法改正問題が後者に含まれることは明らかであろう。

　翌年（昭二一）一月六日に到着したフランク・マッコィ（Frank R. McCoy）を団長とする極東諮問委員会訪日団は、右の「日本の統治体制の改革」が最高司令官に送付された一週間後の十七日、アルフレッド・ハッシィ（Alfred R. Hussey, 1899-1964）、チャールズ・ケイディス（Charles Kades, 1906-96）などの総司令部メンバーと会談した。そして、すでに「民政局が憲法の研究をしている」との情報を耳にしていた訪日団は、この点を執拗に問い質したが、ケイディスは「何かの誤解」だろうと却け、憲法改正問題は民政局の仕事ではないと答えている。[8]

　しかし、先の憲法研究会案に対する反応や「日本の統治体制の改革」などからみて、その返答には釈然としないものが残る。マッカーサーもまた、極東委員会訪日団が日本を離れる前日（一月三〇日）、そのメンバーに対し、憲法改正問題は当初は権限内であったものの、先のモスクワ外相会議決定により権限外となったため、以後それに向けた行動は取り止めたと語ったようである。

　だが、権限問題であるなら、二月一日の毎日新聞による「松本委員会」案スクープを契機として、憲法案を自らの権威で用意し、日本側に提示する決意を固めたという説明は、法的にはかなり苦しくなるだろう。

　この関連で、そのスクープ当日に最高司令官宛に提出された民政局長コートニィ・ホイットニィ（Courtney Whitney, 1899-1969）名の「憲法改正」権限に関する覚書[9]は、よく引き合いに出される。このメモは、①最高司令官は、ポツダム宣言や対日基本的指令などを実施するために必要なあらゆる措置をとることを授権されており、憲法改正に着手することも当然に含まれる、②極東委員会の政策決定は拘束力をもつものの、それがない限り、最高司令官は無制約の権限をもち、「日本の憲政機構における根本的な変更」を処理することも含まれる、と解するものであった。

ここでは「極東委員会付託条項」と同じ表現で最高司令官の権限が述べられているが、そもそも、イギリス・ソ連・中国とともに拒否権をもつアメリカ政府の同意がなければ、極東委員会の政策は決定しえなかったから、ホイットニィの覚書はいわば権限簒奪の宣言に等しい。しかし、とくに「憲法改正」に焦点を絞った文書を作成したのは、右のように極東委員会が頻りに総司令部を牽制したため、本国政府との関係でも権限を確認しておきたかったからであろう。その意味でも、「ひょうたんから出た駒」[10]だったのである。

六　マッカーサー「第四原則」

「情報」(参考資料)として伝達されたにすぎない「日本の統治体制の改革」は、こうして民政局の憲法起草作業に対する「拘束力ある文書」(control document)として確認されることになる(二月六日)。しかし、これと同時に、二月三日に憲法改正の必須条件としてホイットニィに渡され、翌日局員に伝えられた最高司令官のメモも、同じような働きをもっていた。これがいわゆるマッカーサー・ノートである。

民政局報告書『日本の政治的再編成』の部分訳「日本の新憲法」以来、今でも「マッカーサー三原則」と呼ばれることが多いが、これは誤解を招く。ハッシィ文書の示すところによれば、貴族制度の廃止（第三原則）の直後にある「予算の型はイギリスの制度にならうこと」を述べる件は、本来、それとは全く関係のない「第四原則」というべきものだからである。それが第三原則の一端のように紹介されたのは、追加的な指示事項をタイピストがわざわざ相当の行間を開けて打ったのに、これを無視して報告書が作成されたという事情によるにすぎない(11)（佐々木高雄）。

この第四原則と「日本の統治体制の改革」との関係は、興味ぶかい。というのも、前記「統治体制の改革」には、a(4)「予算は立法部の明示的な同意なしには成立しえない」という当然の指示に加えて、次のような制度まで提案していたからである。

a(3)　立法部は、選挙民を完全に代表するものであり、予算の項目を削減し、増加し、又は削除し、あるいは新項目を提案する完全な権限を有すること。

d(4)　一切の皇室収入は国庫に繰り入れられ、皇室費は立法部により歳出予算中に計上されること。

後者にも問題がないわけではないが、衆知のように、イギリス型の予算議定制度は、立法部メンバーの動議によるプラス修正を認めていない。この点に着目する限り、右の第四原則は、明らかに「拘束力ある文書」を無視した指示ということになる。ところが、マッカーサー草案も右の提案をそのまま採用しており（八〇条。後者は八二条参照）、「イギリスの制度にならう」という第四原則は、全く別の意味をもつと考えなくてはなるまい。

この点については、まず、「イギリス方式」の導入という形で二十五年前にアメリカ合衆国で成立した「行政部による予算書の作成」という制度を前提にしたとする解釈がある[12]（小嶋和司）。いかにも財政制度の専門家らしい見方ではあるが、原則的な指示を与えたマッカーサー・ノートの性質を想えば、やや技術的な要求のように思われる。これについては、むしろ、明治憲法下の制限された予算議定権を否定する趣旨から、「議会のコントロールを確保した制度」を要求したものとする見方[13]（佐々木高雄）の方が自然であり、私はこれに賛意を表したい。

（1）　参照、芦部信喜『憲法』（新版補訂版・岩波書店、一九九九年）二七頁、同『憲法学Ⅰ〈憲法総論〉』（有斐閣、一九九二年）一八一頁。それは、ドイツ連邦憲法第二十八条一項（等質性原理）との関係で言われる州（ラント）の憲法自律性（Verfassungsautonomie）とは異なる。

（2）　宮澤俊義＝芦部信喜『全訂　日本国憲法』（日本評論社、一九七八年）九頁。

（3）　高柳賢三＝大友一郎＝田中英夫編『日本国憲法制定の過程Ⅰ』（有斐閣、一九七二年）二頁以下所収。

（4）　高柳ほか編『日本国憲法制定の過程Ⅰ』二六頁以下所収。

（5）　憲法調査会『憲法制定の経過に関する小委員会報告書』（一九六四年）六四五頁以下、高柳ほか編『日本国憲法制定の過程Ⅰ』四一二頁以下所収。

（6）　George H. Blakeslee, *The Far Eastern Commission 1945 to 1952*, 1953, p. 45. この原本を収めたものとして、山際晃氏の解説が付された『極東委員会』第一巻（東出版、一九九四年）、その第五章の邦訳として土屋正三訳「日本の新憲法と極東委員会」レファレンス四八号（一九五五年）参照。なお、国際関係論を専門とするブレイクスリー（1871-1954）は、当時アメリカ代表の政治顧問で運営委員会委員であった。

（7）　その全文は、Report by the Secretary General, *Activities of the Far Eastern Commission*, 1947, p. 36. 参照、前掲『極東委員会』第二巻（東出版、一九九四年）。なお、佐藤達夫『日本国憲法成立史』第一巻（有斐閣、一九六二年）七二二頁以下。

（8）犬丸秀雄監修『日本国憲法制定の経緯』（第一法規、一九八八年）一六頁以下所収。
（9）高柳ほか編『日本国憲法制定の過程Ⅰ』九〇頁以下所収。
（10）田中英夫『憲法制定過程覚え書』（有斐閣、一九七九年）五九頁。
（11）参照、佐々木高雄『裁判官弾劾制度論』（日本評論社、一九八八年）六三頁以下、同『戦争放棄条項の成立経緯』（成文堂、一九九七年）一頁以下。なお、後日、国会一院制も付加されたという（前掲『憲法制定の経過に関する小委員会報告書』二九七頁）。
（12）小嶋和司『日本財政制度の比較法史的研究』（信山社、一九九六年）三八九頁。
（13）佐々木『裁判官弾劾制度論』八四頁以下、同『戦争放棄条項の成立経緯』三六―三七頁。

2　第九条解釈学説のルーツ

一　原案作成上の問題

「われら日本国民は」で始まるマッカーサー草案の前文は、合衆国憲法のそれを想起させるが、その原案がA・ハッシィによって書かれ、戦争放棄条項の原案と密接に関連していること、憲法第九条原案がマッカーサー・ノート第二原則に由来することは、広く知られている。

同原則の着想については、幣原首相起源・マッカーサー起源・日米合作などの諸説あるが、こうした起源問題は憲法解釈上ほとんど意味をもたない。問題は、むしろその内容にある。いま、民政局の報告書『日本の政治的再編成』によりつつ、必要な原語とともに、そのマッカーサー・ノートを示してみよう（1）。

国の主権の発動たる戦争は、廃止される。日本（Japan）は、紛争を解決するための手段としての戦争を放棄し、それ自身の安全を保持するための手段としても（even for preserving its own security）、放棄する。日本（It）は、その防衛と保護（its defense and its protection）を、今世界を動かしつつあるより高次の理想に委ねる（rely upon）。

日本の陸海空軍は、将来認められることはなく、交戦権（rights of belligerency）が日本軍に与えられることはない。

このように三人称形で戦力放棄の命題が述べられたことは、文書の性質上、当然といえる。このノートから第九条原案に移る過程で、右の「それ自身の安全を保持するための手段としても」放棄するという文言が削られることになるが、右ノートを基に第九条原案を作成したのは誰であり、それは前文草案とどのように関連しているのであろうか。

これについては、三つの見方が対立している。一説によれば、戦争放棄条項の第一次案は、ハッシィが政策宣言とすべく前文の一部として起草したもので、最高司令官の指示により後に条文本体（本則）に移され、マッカーサー草案第八条になったとする。(2) これは宣言的解釈（いわゆる政治的マニフェスト論・政治的規範説）につながるが、他の見方によれば、戦争放棄条項の第一次案はC・ケイディスが初めから本則（一条）として起草したもので、その一部が後の検討で前文に移されたという。(3) また別の考えによれば、戦争放棄条項の第一次案はケイディス起草だが、これにC・ホイットニィ局長が安全保障策を示す案文二段落を付加して完成させ、後にこの部分を前文に移すよう指示されたというのである（佐々木高雄）。(4)

二　前文草案における転調

今日では少なくとも第一説は否定されようが、いずれの見方に立つにせよ、「われら日本国民は」(We, the Japanese People) という一人称複数形の主語で始まり、「国民意思の主権性を宣言し、この憲法を確定する」ことを述べて、「これに反する一切の憲法、法令及び詔勅を否認し、排除する」という形で終わる段落の前文――一般に三文に邦訳されるが、原文では単一文である――が、ハッシィの起草にかかることは疑われていない。そして、この段落では、「われら自身とわれらの子孫のために」(for ourselves and our posterity) というように、マッカーサー草案・憲法正文と同じく、常に「われら日本国民」を主語にした表現が用いられている。

ところが、ラウエル文書中の前文草案[5]をみると、これに続く段落で、今度は「日本の国民は」(The people of Japan) を主語として、「彼らの安全と生存」(their security and survival) を「平和を愛する世界の諸国民の公正と信義」に委ねることを語り、さらに「日本」が、固い意思と全力と「その国家的名誉」(its national honor) にかけて、崇高な原理と目的を達成することを誓うという形で終わっている。

この三人称表現は、第一段落とは明らかに違う。この突然の口調の変化は、「日本の国民は」以下の起案者が、最初の「われら日本国民は」云々の起草者とは別の人物であることをうかがわせ、全体の語調を整える余裕もなかった段階での案文であったことを示している[6]。この語調を変えた「日本の国民は」以下の二つの段落は、一体どこから来たのであろうか。その答は、ハッシィ文書中の戦争放棄条項の原案にある。

すなわち、ここには、マッカーサー・ノートに修正を加えつつ再起草した第九条原型に相当する部分（一項）に続いて、問題の二段落が登場するが（二項・三項）、これを一項の前に移すよう指示する矢印と一項を「第一条」とする書き入れがある。この戦争放棄条項原案（一項）がハッシィではなく、ケイディスの起草にかかるものであることは確実で、彼は生前いろいろな機会にそのことを公言していた。したがって、残りの二項分を起案したのは誰かが問題となるが、これについては先の第三説がいうように、ホイットニィが安全保障策を明示すべく、マッカーサー・ノートの語調に合わせて「日本の国民は」以下の段落を三人称で書いたと考えられる。そこで一人称を用いたハッシィ起案の前文と異なるのは当然であった。

マッカーサー草案交付後の二月二十二日、総司令部の意向を確認するため赴いた国務大臣松本烝治が、「戦争廃棄の規定は一個の宣言たるに止まり寧ろ前文中に置くを相当とするが如く思はるる」と質したところ、「断じて条文中に置くべく余は之を第一条に置きたしと考えたる程の規定なり」（C・ホイットニィ）と言われた話は有名である。(7) アメリカ側記録では、正確には「第一章に置きたい」だったらしいが、いずれにせよ、民政局長の発言は誇張でも何でもなかったわけである。

三　戦争放棄と武力不行使

C・ケイディスがマッカーサー・ノート第二原則に拠りつつ再起草した戦争放棄条項案の第一項は、次のごとくであった。

国の主権的権利たる戦争は、廃止される。武力による威嚇又は武力の行使は、他国との紛争を解決するための手段としては、永久に放棄される。陸海空軍その他いかなる戦力も、将来認められることはなく、交戦権が国に与えられることはない。

これがそのまま――「陸海空軍」以下を二項とした点を除いて――マッカーサー草案第八条になるが、先に述べた「それ自身の安全を保持するための手段としても」の削除も、この段階で行われた。というのも、起草者は「国際紛争解決ノ為戦争ニ訴フルコトヲ非トシ……国家ノ政策ノ手段トシテノ戦争ヲ放棄スルコト」(不戦条約一条)を当然視する一方で、自衛戦争まで違法化されるとは考えなかったためであるが、ここに、いわゆる限定戦争放棄説（自衛戦力違憲説）は、その削除に特別の意味を認めない立場ということになろう。

さらに注目されるのは、「武力による威嚇又は武力の行使」(the threat or use of force) について述べる第二文である。この文言は、不戦条約の間隙をついて行われた開戦意思表明を伴わない「事実上の戦争」を封じるため、戦争の違法化を前提として国連憲章に明記されたものであり（二条四項）、ここに、限定武力放棄説（自衛武力合憲説）の原点を見出すことができる。こうして第九条をめぐる解釈学説の原型は、憲法制定過程ですべて頭を出していたのである。

それとの関係で用いられた「他国との紛争を解決するための手段としては」という限定句は、憲法改正草案要綱（三月六日）以降、「国権の発動たる戦争」にもかかるように改められ、第九十回帝国議会に提出された(六月二〇日)。これが憲法第九条となるには、さらに衆議院における「芦田修正」を必要とするが、これとの関連から、貴族院の審議過程で「GHQの要求」として、いわゆる文民条項も追加される(六六条二項)。これは、総司令部自身の意向ではなく、ソ連及びイギリスの提案を受けた極東委員会の強い要求を体したものにすぎず、その間の事情は、憲法改正特別小委員会に出席した吉田首相によって伝えられた（一〇月一日午後）。

極東委員会としては、第九条の「自発的」修正により戦力を保持しうるとの解釈が可能になったため、これに備えるつもりだったらしい。けれども、日本側は文民条項挿入の真意を計りかね、「軍籍を持った者」「戦争に関係した軍人」を排除する趣旨とみたり（吉田茂）、「超国家主義者、軍国主義者はいけない」（松本學）、「将来軍隊が出来ても軍部大臣は文官制にするのだ」（高木八尺）と憶測したりしている。(8)

なお、いわゆる芦田修正と文民条項の挿入とによって、第九条解釈として限定放棄説が成立するという考え方もありえよう。だが、そのように意味が大きく異なってくるとすれば、基本原則からの逸脱を強く警戒した総司令部としては、当然「芦田修正」に強く反対したであろう。しかし、これがなかったのは基本原則の変更とは受け止められなかったからであり、この点では、戦力又は武力の行使等を限定的に放棄したケイディス修正案の段階で、自衛戦力・武力を保持しうるとする解釈が合理性をもつにいたったとみるべきであろう。そう考えると、マッカーサー草案第八条と現行憲法第九条との間に意味上の変更はなく、いわゆる芦田修正は文民条項の挿入を促したにとどまり、第九条解釈自体に対する意味は小さいということになる。

（1）　Report of Government Section-SCAP, *Political Reorientation of Japan*, 1949, vol. 1, p. 102. 連合国最高司令部民政局「日本の新憲法」小嶋和司＝久保田きぬ＝芦部信喜訳（憲法調査会事務局、一九五六年［初出は、国家学会雑誌六五巻一号］）四五頁。

(2) 田中『憲法制定過程覚え書』一〇〇頁以下。
(3) 犬丸監修『日本国憲法制定の経緯』五七頁以下、西修『日本国憲法の誕生を検証する』(学陽書房、一九八六年)一一三頁以下、同『日本国憲法はこうして生まれた』(中公文庫、二〇〇〇年)一七四頁以下。
(4) 佐々木『戦争放棄条項の成立経緯』二二五頁以下。
(5) 高柳ほか編『日本国憲法制定の過程I』二四二頁所収。
(6) なお、現行憲法前文にある普遍的な「政治道徳の法則」を述べた第三段落は、もともと前文原案になく、運営委員会における検討過程で、A・ハッシィの提案を機に挿入されたものである。高柳ほか編『日本国憲法制定の過程I』二四八頁以下参照。
(7) 佐藤達夫=佐藤功『日本国憲法成立史・第三巻』(有斐閣、一九九四年)六二二頁。
(8) 参議院事務局『第九十回帝国議会 貴族院・帝国憲法改正案特別委員小委員会筆記要旨』(一九九六年)二二一―二二三頁。

3 宗教関係条規の表と裏

一 二つの立法理由書

日本国憲法の宗教関係条項は、信教の自由の保障(二〇条一項前段・二項)と政教分離規定(二〇条一項後段・三項、八九条前段)とからなっている。だが、その源流は、ポツダム宣言第十項の趣旨を承ける形で連合国最高司令官が日本政府あてに出した一九四五年(昭二〇)秋の二つの覚書に求められ、ここに同条項の基本的な立法趣旨も表れている。

まず、十月四日のいわゆる人権指令――「自由の指令」とも呼ばれる――は、「政治的、市民的及び宗教的自由」に対する各種の制限を除去するよう指示して、信教の自由の原則を確保すべきことを述べ、次いで十二月十五日のいわゆる神道指令は、「国家神道」(State Shinto) に対する「政府の保証、支援、保全、監督並に弘布」を廃止すべきことを命じた。これが今日よく用いられる「国家神道」なる用語の発祥であるが、ここでの定義は、従来「日本政府の法令に依って……非宗教的なる国家的祭祀 (non-religious national cult) として類別せられたる神道の一派」(覚書2c) というものであった(1)。

これを起草したのは、民間情報教育局宗教課長ウィリアム・バンス (William K. Bunce, 1907-) である。彼自身の言葉を借りれば(2)、神道指令の主要目的は、「政府によって支援され自国の政治組織を尊崇する宗教的なしくみ」を排除するとともに、「すべての宗教の平等の原則に立った信教の自由」を確立し、「宗教と国家との分離」を図ることにある(同2a参照)。そこには、政教分離規定につながる以下のような具体的指示も含まれていた。

神道・神社に対する公金 (public funds) からの財政的支援及び神道・神社との公務上の提携関係 (official affiliation) は、すべて禁止される (1b)。

いかなる神社への参拝及び神道に関連する儀式、行事又は祝典も、全部又は一部を公金で賄われる教育機関により行われ、又は企画されてはならない (1h(2))。

もっとも、その後の措置をみると、完全に除去すべき「国家神道」と非国教化して存続しうべき「神社神道」との間に明確な区別があったとは言いがたい。

二　総司令部における検討

憲法第二十条(政府案一八条・マッカーサー草案一九条)の原型は、ピーター・ルースト(Pieter K. Roest, 1888-)を中心とする人権小委員会の起草した原案にC・ケイディス以下三名による運営委員会が少なからぬ修正を施して確定されたが、次に二項から成る原案を示しておこう(3)(「自由」一三条)。

宗教の自由は、何人に対してもこれを保障する。いかなる宗教団体も、国又はその中央若しくは地方の機関から特権を受けてはならず、いかなる聖職者も、政治目的のために、その宗教上の権威(spiritual authority)を濫用してはならない。

何人も、宗教上の行為、祝典、儀式又は行事に参加することを強制されない。いかなる宗教団体も、宗教の装いの下に、他人に対する敵意を煽り、これを行動に移し、又は公の秩序と道徳を強めるのではなくこれを弱めるような場合には、宗教団体とは認められない。国及びその機関は、宗教教育その他いかなる宗教活動もしてはならない。

これとマッカーサー草案との最も大きな違いは、一項後段「いかなる聖職者も……宗教上の権威を濫用してはならない」を削って「政治上の権利を行使してはならない」を加えた点、二項の「いかなる宗教団体も……認められない」という一文をすべて削った点にある。前者では、「聖職者に対して言論、出版の自由を否定すること」になるとのケイディスの批判が物をいい、後者は、「新しい教派(new religious sect)の抑圧を正当化する根拠として用いられる」ことを惧れたハッシィの意見が通った結果である(4)。

憲法第八十九条も、ほぼ政府案第八十五条通りである(マッカーサー草案八三条参照)。その原案は、財政小委員会を独りで担ったフランク・リゾー（Frank Rizzo, 1903-）によって――ルーストとバンスの示唆を受けつつ――作成されたが、内容は次のごとくである[5]（「財政」六条）。

公金又は公の財産(public money or property)は、いかなる宗教制度、教会、教派、教団(church, sect, denomination)、宗教上の組織又は団体の使用、便益若しくは維持のため、又は国の監督に服しない、いかなる慈善、教育又は博愛の目的のためにも、直接又は間接に支出し、その利用に供し又は譲与してはならない。

これも、マッカーサー草案との間には、「いかなる宗教制度、教会、教派、教団」「直接又は間接に」といった文言の有無などの異同があるが、それらが運営委員会によって削除された理由は必ずしも明らかでない[6]。

この公金支出・財産供用の禁止規定については、しばしばアメリカ合衆国の数州（コロラド・モンタナなど）の憲法規定などが引き合いに出されるが、とくにフィリピン憲法が模範になったものと言われる。実際、一九三五年制定の同国憲法は、右案文と同旨の規定をもっていた(六条二三節三項)。けれども、ここには「牧師、伝道師、執事又は役僧が、軍隊又は刑罰機関、孤児院又は癩療養所に配属された場合は、この限りでない」との重要な但書もあり(一九八七年現行憲法六条二九節二項参照)、ここに着目すると、日本国憲法は「そのモデルよりも厳格である」[7]（ウィリアム・ウッダード）と評価されることになる。

けれども、リゾー案の原型は、むしろプエルト・リコに自治制を布いた一九一七年の通称「ジョーンズ法」なるアメリカ合衆国連邦法律に求められよう[8](笹川隆太郎)。注目すべきは、このジョーンズ法やコロラド州その他の憲法は、リゾー案と異なり、国の「絶対的監督に服しない人、会社又は団体に対し」(to any person, corporation, or community not under the absolute control) として支出対象を明記し、且つ「慈善、教育又は博愛の目的のため」を、むしろ国側の支出目的を示すために用いている点である。

三　制憲議会における論議

さて、第九十回帝国議会に提出された憲法草案は、衆議院憲法改正委員会に付託された後、「案文全体に亙って検討する権能を持つ」小委員会で審査された（七月二五日〜八月二〇日）。その結果、全百カ条の草案は百三カ条となり、問題の宗教関係条規も繰り下がって第二十条・第八十九条として修正可決されるが、送付案に対する貴族院の審議は、憲法改正委員会において行われた（八月三一日〜九月二八日）。ここでも小委員会は設けられたが、付託事項（前文・一五条・四三条・六六条・七九条）のみを検討するものとされたため、宗教条項に関する論議は見られない。

両議院での質疑をみると、まず政府案第十八条をめぐって、宗教団体と政治活動との関係や神社参拝強制問題などが取り上げられたことは、当然である。前者に関する金森国務大臣の答弁、つまり宗教団体の関係者が政治上の運動をすることを禁止したものではないとの解釈は、先のケイディスの発言に照らして興味ぶかいが、後者に関して示された、「従来と雖も、仮りに宗教でないとしても、強制と云ふこと自体が根拠を欠いて居った」（佐々木惣一）との見方は、「宗教であらうがなからうが、強制と云ふことは……良心の自由」の問題になりうるという田中耕太郎文部大臣の答弁とともに、大いに注目される[9]（九月一八日）。

それ以上に際立っているのは、宗教的情操の涵養の必要性を説く議論が多いことである。すなわち、同条三項で禁止される「宗教教育」とは、「一宗一派の宗教教育を施してはならないと云ふ意味」だとする田中文相の答弁[10]（七月三日）を機に、「一宗一派に偏する」なる文言を挿入すべきだとする修正案（協同民主党）や、「宗教的情操の陶冶に付ては此の限りでない」との但書を追加する案（自由党・廿日出議員）すら提出されている[11]（七月二九日・三〇日）。いずれも実らなかったものの、翌一九四七年（昭二二）春に制定される教育基本法第九条一項の原型をそこに見ることもできよう。

他方、マッカーサー草案後、「公の支配に属しない慈善、教育又は博愛の事業」と書き換えられた政府案第八十五条について、衆議院で国有境内地・社寺保管林の処分問題などが取り上げられたのは当然であったが、貴族院憲法委員会では、高柳賢三が「慈善」事業（charitable enterprise）の意味を問い、「公益事業」のことではないかと質している[12]（九月二五日）。さすがに英米法の専門家らしい着想であるが、リゾー案に由来する「公の支配に属しない」という修飾語の不自然さに迫る余裕まではなかったようである。いずれにせよ、現行憲法第八十九条解釈としては、いわばジョーンズ法並みに再構成されたそれを対象とすべきであろう。

（1）　神道指令の原文は、民政局報告書の附属資料に依拠している。Report of Government Section-SCAP, *Appendices: Political Reorientation of Japan*, 1949, pp. 467-468.

（2）　それは、バンスがウィリアム・P・ウッダード『天皇と神道――GHQの宗教政策』（阿部美哉訳・サイマル出版会、一九八八年）の原書、*The Allied Occupation of Japan 1945-1952 and Japanese Religions*, 1972に寄せた跋文の中にある。同訳書「最適任者による貴重な記録」一一四頁。
(3) 犬丸監修『日本国憲法制定の経緯』一一八頁所収。
(4) 参照、高柳ほか編『日本国憲法制定の過程I』二〇〇頁以下。
(5) 犬丸監修『日本国憲法制定の経緯』八六頁所収。
(6) 参照、高柳ほか編・前掲書一六四頁以下。
(7) ウッダード『天皇と神道』八六頁。
(8) 笹川隆太郎「日本国憲法第八十九条の原案のモデルについて」新正幸=鈴木法日児編『憲法制定と変動の法理』(木鐸社、一九九一年)二〇七頁以下。
(9) 貴族院『第九十回帝国議会　帝国憲法改正案特別委員会議事速記録』第一六号一七頁。参照、清水伸『逐条日本国憲法審議録』第二巻(有斐閣、一九六二年)四〇五—四〇六頁。
(10) 衆議院『第九十回帝国議会　帝国憲法改正案委員会議録(速記)』第四回四〇頁。参照、清水・前掲書(第二巻)四四九頁。
(11) 衆議院事務局編『第九十回帝国議会　帝国憲法改正案特別委員小委員会速記録』(衆栄会、一九九五年)一〇四頁以下、一二一頁以下。
(12) 貴族院・特別委員会議事速記録(前掲)第二一号一五頁。参照、清水・前掲書(第三巻)六六六頁。

4 「住居の不可侵」の再構成

一　憲法第三十五条の沿革

日本国憲法第三十五条[1]は、一九四六年(昭二一)六月二十日に制憲議会に提出された政府案三十三条が無修正で成立したもので、次のようなマッカーサー草案三十三条に由来している(外務省訳、一項のみ示す)。

人民ガ其ノ身体、家庭、書類及所持品ニ対シ侵入、捜索及押収ヨリ保障セラルル権利(the right of the people to be secure in their persons, homes, papers and effects against entries, searches and seizures) ハ相当ノ理由ニ基キテノミ発給セラレ、殊ニ捜索セラルヘキ場所及拘禁又ハ押収セラルヘキ人又ハ物ヲ表示セル司法逮捕状ニ依ルニアラスシテ害セラルルコト無カルヘシ

この案文は、言うまでもなくアメリカ合衆国憲法修正第四条を基礎としている。とくに人権関係小委員会の作成にかかる第一次案は、「不合理な捜索及び拘置・押収に対する……権利」(the right…… against unreasonable searches and seizures) という文言を用いた点から知られるように、術語・スタイルとも合衆国憲法修正第四条に酷似し、これに全面的に依拠したものであった。

同条及び第一次案にある「住居」(houses) を「家庭」(homes) と改め、「不合理な」という形容詞を除いて「侵入」という名詞に変えたのは、運営委員会の検討結果であるが、その真意は必ずしも明らかでない。ただ、前者については、例えば、後にウィリアム・ダグラス連邦最高裁判事なども「人の住居の不可侵」(sanctity of a man's home) といった使い方をしているように、実質的な変更を意味するものではあるまい。

モデルとされた修正第四条については、まず判例法上、①修正第五条の「自己負罪拒否特権」と相俟って、押収行為が「不合理な」ものであるときは、押収物件は証拠能力を否定される、②他の規定とともにプライバシーの権利を保障するものとして、政府のあらゆる住居侵入行為に対する保障とな

る、と解されている点に注意する必要がある。また、修正第四条自体、十五年前のヴァージニア権利宣言（一〇条）などの影響を受けたもので、その源泉は、さらにイギリス本国の一般令状事件（一七六三～六五年）に遡ることもできよう。

二　同床異夢の起草者達

マッカーサー草案から政府提出案に至る道程は、しかし、決して平坦ではなかった。まず同案三十三条に接した日本側は、明治憲法第二十五条にいう「住居不可侵」保障と同趣旨の規定とみて、これに類似した案文を用意した。いわゆる三月二日案第三十四条で、次のごとくである。

凡テノ国民ハ法律ニ依ルニ非ズシテ住所ニ侵入セラレ及捜索セラルルコトナシ緊急ノ場合ヲ除クノ外住所ノ侵入、捜索及押収ハ正当ナル令状ニ基クニ非ザレバ之ヲ為スコトヲ得ズ

これは、総司令部の理解との間に大きな隔たりがあることを示している。というのは、プライバシーにかかわる「書類及所持品」の取扱いを等閑にした点を別としても、「正当ナル令状」のあり方こそ問題であり、一般令状を排除するという趣旨からすれば、相当な理由に基づく個別令状を要する旨を憲法で明記することが肝要だからである。

さらに日本側案文は、国民が「住所不可侵」権を有することを述べ、この自由権に対する侵害態様を示す形をとったが、総司令部案は、もっぱら「住居等の不可侵」保障の解除要件を憲法上特定するというやり方をとっている。むろん、これは実体的な「住居等の不可侵」権を否定し又は無視する意

味ではなく、それを当然視した上で、「憲法的刑事手続」の理念から家宅捜索・物件押収という刑事手続に厳格な要件を付し、人身の自由を確保しようとするものである。

しかし、だからといって、日本側が安易だったとみるのは当たらない。用意された案文は、明治憲法が模範としたヨーロッパ諸国の憲法的伝統に沿ったもので、ここでは今でも実体的権利保障（一項）と侵害要件を示す手続的保障（二項）に分けて「住居の不可侵」を規定するのが通例であり（古典憲法ではベルギー一〇条、現代憲法ではイタリア一四条・ドイツ連邦一三条など）、権利保障の効果として説かれる内容も豊かだからである。

さて、三月四日夕から翌日午後まで続く総司令部との徹宵交渉は、当事者を「無準備の儘、微力事に当り、然も極端なる時間の制約ありて詳細に先方の意向を訊し論議を尽す余裕なかりしこと寔に遺憾に堪えず」(2)（佐藤達夫）と嘆かせるほど劇的なものであったが、日本側は、この時、三月二日案を基に急遽作成した次の案文を提示している(3)（英文）。

何人の住居（place of residence）といえども、法律に定める場合を除いては、侵入又は捜索されない。

緊急の場合を除く外、住居は、法の適正な手続（due process of law）によらなければ、侵入、捜索又は押収されない。

ここに「法の適正な手続」が登場するのは興味ぶかいが、先の「正当ナル令状」を言い換えたにすぎないようで、個別令状主義の考え方も生かされていない。これでは総司令部が憲法的刑事手続としての意義を没却するものと警戒したのも当然であるが、果たして、右の徹宵交渉後に公表された憲法改正草案要綱（いわゆる三月六日案）第三十一条は、マッカーサー草案に復帰する形で成立している。

四月十七日に発表された憲法改正草案は、右の草案要綱を法文化する過程で法制局を中心に再検討し、総司令部との数回の訂正交渉を重ねた結果の産物である。問題の規定は、この間に、要綱中「家庭」が「住居」となり、現行犯などの場合を除くための留保が付されたりして、結局次のようになっていた（三二条）。

国民が、その住居、書類及び所持品について、侵入、捜索及び押収を受けることのない権利は、第三十条の場合を除いては、正当な理由に基いて発せられ、且つ捜索する場所及び押収する物を明示する令状がなければ、侵されない。

こうして一挙に憲法正文に近づいている。だが、制憲議会に提出される政府原案を確定するには、なお天皇の「至高顧問の府」枢密院の審査を必要とし、改正草案第三十二条中「国民が」は「何人も」に改められて議会提出案第三十三条となる。これで憲法第三十五条は実質上完成したことになる。

衆議院の憲法委員会では、全体会議の質疑ののち小委員会を設け、各党修正案を基礎として検討を行なったが、「住居等の不可侵」規定に対する修正案はまったくなかった。ただ、間接国税犯則者処分法（明治三三年法律六七号）の撤廃や令状主義の適用範囲いかんなどの問題が取り上げられ、政府は「何処までも犯罪捜査に関する規定」であり、「行政執行の問題とは切離して考へて戴きたい」と答弁している(4)（木村法相、七月一九日）。

ここで興味ぶかいのは、貴族院憲法改正委員会における牧野英一議員の質疑である。この有名な教育刑論者は、同僚から「何故さう云ふ風に長々しく言はなければ分らぬと思っていらっしゃることが分らぬ」(5)（三土忠造）と揶揄されるほど、いつも長広舌を揮ったが、政府原案を「相当に廻り遠い規定」と評し、以下のように質している(6)（九月一九日）。

「……侵入、捜索及び押収を受けることのない権利」を明かにして、その権利は正当な理由に基いて発せられ、且令状のある場合にのみ制限せられる、斯う云ふやうな風に分けて御書き下さると大変分りが宜いのではないかと存じます……法学部の学生に付てやって見ますと、斯う云ふ規定は相当に分りにくいさうであります

論旨は必ずしも明瞭でなく、これに対する答弁もないが、「住居等の不可侵」保障という実体的権利を念頭に置き、その解除要件は手続的保障として分けて規定すべきだという趣旨であろう。

これは日本側起草者の思考を継承したものといえる。だが、実は、憲法第三十三条も、「人身の不可侵」権を前提としつつ保障解除手続のみを定めている点で、第三十五条と同じ構造をもっている。大陸型人権規定は、これについても、身体の不可侵性を明記した上で人身の自由に対する侵害要件を示すのが常であり、「住居の不可侵」と前後する形で規定している例も少なくない（ベルギー憲法七条・プロイセン憲法五条・イタリア憲法一三条など）。だが、その点の質疑はついになかった。

なお、日本国憲法第三十三条以下の諸規定は、憲法第十三条の手続的意味である一般的な適正手続理念にのっとり、犯罪と刑罰に関する法規を制定することは議会の専権事項であるとする伝統的な考え方を排して、適正刑事手続の基本原則は憲法典自ら指示すべきものとする憲法的刑事手続(Constitutional Criminal Procedure）の思想を具体化したものと考えられる。したがって、それらはむしろ伝統的な罪刑法定主義の考え方を修正する意味をもち、憲法第三十一条が罪刑法定主義を含むかといった問題のたて方をするのは必ずしも適切でないということになる。

そもそも憲法第四十一条からいって、犯罪と刑罰に関する法規を定めることが国会制定法の専管事項であることは明白である。また一般的にいっても、例えば、表現の自由に関する制約立法の合憲性が問題とされるように、憲法典の規定は国会の立法権限を制約するものとして意味づけられるはずである。

（1）以下については、大石「憲法三五条解釈の再構成――『住居の不可侵』と適正手続保障との間」法学論叢一三六巻四＝五＝六号（一九九五年）一六五頁以下、同「住居の不可侵」高橋和之＝大石眞編『憲法の争点〈第三版〉』（有斐閣、一九九九年）一四二―一四三頁及び所引文献参照。憲法制定史に即した考察として、とくに憲法的刑事手続研究会『憲法的刑事手続』（日本評論社、一九九七年）三一二頁以下参照。

（2）佐藤達夫＝佐藤功『日本国憲法成立史』第三巻一五一―一五二頁。

（3）当日作成された英文の全容は、笹川隆太郎＝布田勉「憲法改正草案要綱の成立の経緯(1)」石巻専修大学経営学研究三巻一号（一九九〇年）六八頁以下によって初めて明らかにされた。

（4）衆議院・帝国憲法改正案委員会議録（前掲）第一七回三二〇頁。参照、清水・前掲書（第二巻）七五七頁。

（5）貴族院・特別委員会議事速記録（前掲）第一五号二七頁（九月一三日）。

（6）貴族院・特別委員会議事速記録（前掲）第一七号三三頁（九月一九日）。清水・前掲書（第二巻）七五八頁。

5　政府統一見解の原点

一　国会の条約締結承認権

明治憲法は、条約の締結を大権事項とし（一三条）、「議会の関渉に由らずして天皇其の大臣の輔翼に依り外交事務を行ふ」（憲法義解）という体制をとり、「列国交渉ノ条約及約束」を枢密院諮詢事項としていた[1]（枢密院官制〈昭一三改正前〉六条）。これに対し、現行憲法は、内閣に外交関係処理権を与えつつ（七三条二号）、内閣総理大臣が「内閣を代表して……外交関係について国会に報告」すべきものとし（七二条）、最も重要な外交事務である条約締結を改めて内閣の専権事項としつつ、「事前に、時宜によっては事後に、国会の承認を経ること」を要求している（七三条三号）。

外交に対する民主的統制という理念に基づくもので、ここから条約締結承認権という国会の権限が導かれる。けれども、憲法解釈上、あらゆる国際的な取決めに国会の承認が必要とされるわけではなく、その承認に要する条約の範囲については、一九七四年（昭四九）二月二十日、衆議院外務委員会における大平外相の答弁という形で発表された政府の統一見解、つまり、①いわゆる法律事項を含む国際約束、②いわゆる財政事項を含む国際約束、③国家間一般の基本的な関係を法的に規律するという意味において政治的に重要な国際約束、という三基準がしばしば引き合いに出される。

右の見解が内閣法制局・外務省と協議した上で出されたことは容易に想像できるが、その拠りどころは、実は二十八年前の現行憲法制定過程における関係案文に対して示した両庁の対応にある。この関係案文とは、むろん上記の七十三条三号を指し、政府提出の改正草案第六十九条三号が前身をなすが、制憲議会ではそれに関する質疑はなかっただけでなく、内容的な修正案はどの会派からも提出されず、衆議院修正で条数が変わったにすぎない。

したがって、国会承認手続が必要な条約の範囲いかんの問題については、制憲議会に提出される政府案の成立までがポイントとなる。

二　草案要綱成立前後

マッカーサー草案中の、「内閣」諸規定の第一次案は、サイラス・ピーク（Cyrus H. Peake, 1899-）を主任とし、ジェイコブ・ミラー（Jacob I. Miller）、ミルトン・エズマン（Milton J. Esman, 1918-）の二名を加えた「行政府」関係小委員会で起草された。それがケイディス以下の運営委員会との協議にかけられたことは他の部分と同じであるが、小委員会と運営委員会との考え方がこれほど対立し、第一次案と第二次案との間にこれほど懸隔があるのは珍しい。

すなわち小委員会は、内閣総理大臣に優越的地位を認める行政府という構想から、「内閣総理大臣は天皇によって指名される」（第一次案二条）としたうえ、「内閣総理大臣及びその内閣（his Cabinet）は、左の職務を行う」として、左のように定めていた(2)（同七条二項）。

外交関係を処理し、他国の政府及び国際機関と条約及び協定を交渉し、並びに国際協約に加入すること。内閣総理大臣は、すべての条約及び国際協約を立法府に提出して、その審議を受け、過半数による承認を得なければならない。内閣総理大臣は、外交関係の状況について、いつでも立法府に情報を提供していなければならない。

現行憲法で内閣の権限とされるところは、ほとんど内閣総理大臣の権限とされていたわけである。こうした強い行政部の考え方に対して、運営委員会のメンバーは揃って強く難色を示し、草案作成上「拘束力ある文書」とされた「日本の統治体制の改革」(SWNCC-228) の構想に抵触するとして再考を求めたため、異例の協議が繰り返された(二月七日・八日)。その結果、小委員会報告案は現行憲法の方向に大きく変わったが、一方でM・エズマンとJ・ミラーは不満を顕わにし、「責任を負わない行政府を恐れるのと同じ程度において、責任を負わない国会を恐れなくてはならない」とする連名の修正反対意見を添えている。(3)

マッカーサー草案第六十五条は、この第二次案三十二条を採用したもので、問題の部分は次のごとくである。

内閣ハ他ノ行政的責任ノホカ……外交関係ヲ処理スヘシ、公共ノ利益ト認ムル条約、国際規約及協定ヲ事前ノ授権又ハ事後ノ追認ニ依ル国会ノ協賛ヲ以テ締結スヘシ (conclude such treaties, international conventions and agreements with the consent of the Diet by prior authorisation or subsequent ratification as it deems in the public interest)

ここに「公共の利益と認むる」とは、正確には「国会の協賛」のあり方にかかり、公の利益に適うと認めるときは、内閣は「事後の追認」を求めうるとの意であろう。

総司令部との徹宵交渉を経て作成された憲法改正草案要綱 (三月六日案) 第六十九条は、右の案を基礎とするが、「内閣ハ他ノ一般政務ノ外左ノ事務ヲ行フ」との柱書を立て、「外交関係ヲ処理スルコト」

「条約、国際約定及協定ヲ締結スルコト　但シ時宜ニ依リ事前又ハ事後ニ於テ国会ノ協賛ヲ経ルコトヲ要スル」と各号を列挙する形をとっている（二・三号）。

三　外務省条約局意見書

一月前にスクープされた「松本草案」とまったく異なる草案要綱は、各方面に非常な驚きをもたらしたが、政府部内では、総司令部との交渉にそなえて、三月十八日から二十六日まで関係各省の意見聴取が進められた。ここで注目されるのは、二十四日に中間的にとりまとめられた法制局部内研究及び各省意見「要綱ニ関スル問題」であり、なかでも「大蔵省各部局・外務省の条約課のコメントは、相当くわしいものであった」[4]（佐藤達夫）。

実際、法制局は、「本条項のみ『国際約定……』を加へたるは不統一ならずや。事後の場合『協賛』と云ふは現在の用語例に反す」としたにすぎないが、外務省条約局の「改正憲法草案下ニ於ケル条約締結制度ニ付テ」と題する意見はきわめて詳細で、とくに「条約締結に対する国会の協賛」を論じた部分は、「我国にとり全く新なる制度なるを以て、左に問題となるべき諸点に付、各国の先例をも参酌し、主として立法的見地より検討を試むべし」として、こう結論づけていた。[5]

今後ノ立法及慣行ニ俟ツノ外ナキ処、過去ニ於テ枢密院ニ附議スベキ条約ノ範囲ニ付政府ト同院トノ間ニ屢々問題ヲ生ジタル経緯アルニ顧ミ且ツ国会協賛制ノ下ニ於テハ斯ノ種問題一層紛糾スルノ可能性アルニ鑑ミ、改正憲法ノ下ニ於テハ本件範囲ノ問題ニ付疑義発生ノ余地ナキ様明確ナル立法手段ヲ講ズルヲ可トスベシ立法論トシテハ本件範囲ノ問題ハ（イ）国民ノ代表者タル国会協賛ノ本質ト（ロ）外交運営ノ担当者タル政府ノ便宜トノ両面ヨリ考慮ヲ必要トスベク、此ノ点ニ付民主主義諸国家ノ例ヲ参照シ、例ヘバ

1、国民ノ権利義務ニ関係アル条約（立法事項ヲ含ム条約）

2、国家又ハ国民ニ財政上ノ負担ヲ課スル条約

3、講和条約、領土変更条約、修好、通商航海条約等国家ニ重大ナル義務ヲ課スル条約ノ三種ニ付国会ノ協賛ヲ要スルモノトシ、右以外ノ条約ハ内閣ノ専権ヲ以テ締結シ得ルコト恰モ米大統領ガ専権ヲ以テ行政取極ヲ締結シ得ル如クナラシムルコト適当ナリト認メラル

ここで先に示した政府見解にいう三基準が登場している。そして、四月八日、総司令部との交渉に望む最終方針が決定され、「立法事項を含む条約」「財政的負担を伴ふ条約」「講和条約、領土変更条約等特殊重要なる条約」を国会の協賛を経べきものとする条約局の立場は法制局にも認められたが、翌九日の総司令部との交渉では、C・ケイディスから「政治的の条約を議会の協賛なしに締結することは面白からず、必ず議会の協賛を経て確定するものとする要あり」と注文を付けられることになる[6]（萩原条約局長メモ）。後に登場する「政治的に重要な」という基準に繋がる発言である。

四月十五日、口語体で整理された憲法草案が総司令部に提出されるが、この時、問題の国会承認条項は「国際約定及び国際協定」を削った政府提出案第六十九号三号の形になった。これは、しかし、六日前の交渉で「米国におけると同様……行政取極まで国会の承認を必要とするとは解し得ない……用語上の問題があれば agreement を削ってもよかろう」との先方の意向を確認した結果であった[7]。

(1)　枢密院官制六条は、一九三八年（昭一三）十二月二十一日の勅令七七四号により改正され、問題の「列国交渉ノ条約及約束」(旧四号)も「国際条約ノ締結」(六号)と改められた。文言修正の意味については、深井英五『枢密院重要議事覚書』(岩波書店、一九五三年)一六頁以下参照。
(2)　犬丸監修『日本国憲法制定の経緯』九〇頁以下所収。
(3)　以上について、高柳ほか編・前掲書一七一頁以下参照。
(4)　佐藤達夫＝佐藤功・前掲書(第三巻)二三五頁。
(5)　佐藤達夫＝佐藤功・前掲書(第三巻)二五三―二五四頁、国立国会図書館憲政資料室蔵・佐藤達夫関係文書五〇「要綱後のプログラム及び各省意見」所収。
(6)　この間の事情は、四月十日付けの萩原徹(外務省条約局長)による「新憲法草案ニ於ケル条約締結手続等ニ付総司令部側ト折衝ノ経緯ニ関スル件」(前記・佐藤達夫関係文書六三)が語っている。ここには、八日朝、「議会の協賛を求むべき条約の範囲に付ては、解釈に依り解決の方法あるを以て深入りすることを避け、成るべく漠然と司令部側の意見を確め見ること可然との法制局側の意見」が示された事実も記されている。
(7)　参照、佐藤達夫＝佐藤功・前掲書(第三巻)三一二頁、三三五頁。

6　自律権思想と議院法伝統との間

一　総司令部案の起草

「憲法の自由主義化」を目指した松本委員会の検討成果は、総司令部によって拒絶されるが、現状維持とされた明治憲法第五十一条「両議院ハ此ノ憲法及議院法ニ掲クルモノ、外内部ノ整理ニ必要ナル諸規則ヲ定ムルコトヲ得」の命運も同じであった。ここに掲記された議院法については、参議院を掣肘するものとして、民政局により「文明諸国に類例がない」[1]（ジャスティン・ウィリアムズ）と認識されていたからである。

ここに議院自律権の問題が浮上するが、両院制か一院制かという点を除けば、日本国憲法第五十八条の原型は、マッカーサー草案第五十一条にある。総司令部内において、アメリカ合衆国憲法第一条を模しつつ、フランク・ヘイズ（Frank Hays）、ガイ・スウォウプ（Guy Swope, 1892-）、オズボーン・ハウギ（Osborn Hauge, 1913-）による立法権小委員会が作成した原案の第十三条二項と第十六条とを組み合わせて作られたもので、次のごとくであった。

国会ハ議長及其ノ他ノ役員（its presiding officer and other officials）ヲ選定スヘシ。国会ハ議事規則ヲ定メ並ニ議員ヲ無秩序ナル行動ニ因リ処罰及除名スルコトヲ得（It may determine the rules of its proceedings, punish its members for disorderly behavior and expel a member)。議員除名ノ動議有リタル場合ニ之ヲ実行セントスルトキハ出席議員ノ三分ノ二ヨリ少カラサル者ノ賛成ヲ要ス。

合衆国憲法で their Speaker and other officers というところを右のように表現した点は、興味ぶかい。そこにいう officers は、presiding officer (Speaker), recording officer (Clerk), executive officer (Sergeant-at-Arms) などを総称するが、ここで言い換えたのは、アメリカの Speaker が presiding officer たる役割と party leader たる役割とを併有することを識り[2]、中立的なイギリス型の speakership を期待したか、あるいは合衆国憲法では「彼ら」(代議員達) の議長を意味するが、「国会」であるならその主宰者とするのが適当だったからか、のいずれかであろう。

ともかく、officers, officials のいずれにせよ、原語には「役員」という日本語がもつ限定的意味はない。しかも、他方、独任制議院管理機関という伝統の下、現行法のように「役員」の範囲を法定する意味（国会法一六条）は、一向に明らかでない。

二　「議事規則」の制限か例示か

マッカーサー草案第五十一条は項を分かたず、かつ「議事規則ヲ定メ」とのみ述べていた。いわば組織・運営自律権を総合した包括的な表現をとっていたわけであるが、両院制を前提とした日本政府の三月二日案は、各議院の役員選任権と手続準則決定権とを分けて、次のように規定する（五九条）。

両議院ハ各〻議長其ノ他ノ役員ヲ選任ス。

両議院ハ各〻其ノ会議及議事ニ関スル規則ヲ定メ議員ニシテ紀律ヲ乱ルモノアルトキハ之ヲ処罰スルコトヲ得。但シ議員ヲ除名スルニハ出席議員ノ三分ノ二以上ノ多数ヲ以テ議決ヲ為スコトヲ要ス。

右の「其ノ会議及議会ニ関スル規則ヲ定メ」は、三月四日から翌日にかけての徹宵交渉では、establish respective rules and regulations pertaining to meetings and proceedings と表現されたらしい(3)（笹川隆太郎＝布田勉）。外部的規制を示す regulation の不用意な使い方に民政局がどう対応したかは興味ぶかいが、記録には明らかではない。その後、議会関係者との協議を経て確定された憲法改正草案（四月一七日）の第五十四条は、次のごとくであった。

両議院は、各〻議長その他の役員を選任する。

両議院は、各〻その会議その他の手続及び内部の規律に関する規則を定め、院内の秩序をみだした議員を懲罰することができる。但し、議員を除名するには、出席議員の三分の二以上の多数による議決を必要とする。

六月二十日の政府提出案は、一項に「その」を、二項に「又」を加えたにすぎず、結局これで憲法正文となるが、マッカーサー草案の「議事規則」がこうも詳しくなった点については、その「内容を制限する意味がある」とする見方もある(4)（憲法調査会第二委員会報告書）。

確かに、明治憲法の「内部ノ整理ニ必要ナル諸規則」にヒントを得たのかも知れないが、そうみることは、国会法という法律を先取りした結論にすぎないように思われる。議院法の規制的効果に留意していた民政局が、衆議院の優越という非対等型の両院制を前にして、法律による議院手続準則の規定が参議院に対してもつ抑圧的意味に鈍感だったとは考えにくいからである。むしろ漠然たる「議事規則」の内容を例示し、イメージを具体化する過程であったとみるのが自然であろう。

三　議院法改正から国会法へ

ところが、日本側では半世紀以上に及ぶ「議院法伝統(5)」の力が強かった。まず、第九十回帝国議会に先立って設けられ、憲法草案の審議と併行する形で憲法施行までに必要な諸法案の検討を進めていた政府の臨時法制調査会は、新たに国会法を制定するとの前提に立ち、八月十三日には第二部会で「議院法改正の項目」を決定した。けれども、民政局は政府による議院法規の検討自体に否定的であって、これを当然視していた樋貝詮三議長を「救いようもなく不向きだ(6)」（ガイ・スウォウブの覚書）と酷評している。

その示唆を受けて発足したのが、衆議院の議院法規調査委員会である（六月一八日設置）。同委員会は、憲法草案が衆議院による修正議決を経て――その結果、問題の条規は第五十八条となった――貴族院に送付された四日後に、全十九項からなる国会法案要綱「新憲法ニ基キ国会法ニ規定スル事項」をまとめた（八月三〇日）。衆議院事務局は、これを基に法案化に着手し、制憲議会の閉会（一〇月一二日）ののちに作業を本格化させるが、これより前、貴族院で議院自律権と国会法との関係が取り上げられている(7)（九月二〇日、松平親義議員）。

会議の手続、其の他……内部の規則に……関係したこと……は矢張り参議院、又は衆議院に委す、さうして国会法は此の憲法の国会の規定を補整する、又両院協議会と言ったやうな、参議院と衆議院とが相交流する場面に於ての規定……を国会法に規定するのは私は宜いと思ひますが、参議院並に衆議院の議事の運営、詰り会議其の他の手続……に関して迄も之を国会法の中に規定すると云ふことはどうかと思ふ……殊に今度の新憲法に依りましては、法律案の協賛に付きまして衆議院の方が優越権を持って居るのでありますから、さう云ふ関係からしても、此の国会に依って会議手続を決めると云ふことは、参議院の独自性を非常に阻害されることになる虞がありはしないか……

金森国務大臣は、いったん「法律論」としては国会法が「優越的なる力」をもつと答えたものの、重ねての質疑に対し、憲法第五十八条二項がある限り、「之れを尊重して、各院の自治を認むると云ふことは、当然の行き道でありまするから……実体としては御説の通り」になるとも述べている。

さて、国会法第一次案は十月三十日に出来るが、日本側は、民政局メンバーと交渉した時、「どうして国会法という法律が必要か、ハウス・ルールでいいじゃないか、憲法に内部規則の制定権があるのだからそれで足りるのじゃないか」との強い主張に遭遇したという[8]（西沢哲四郎談話）。しかし、両議院共通の事項や内閣を拘束するような事項を国会法で定めておきたい、ハウス・ルールの中で決めるのはおかしいとの日本側の反論で、ようやく国会法を作ってもいいという結論になったらしい。いずれにせよ、民政局のJ・ウィリアムズ国会課長は、数次にわたる国会法案を検討するたびに具体的な指示を与えている。

四　アメリカ立法府再編法と日本議会法

この背景には、制定されたばかりのアメリカ立法府再編法があった（一九四六年八月、全六篇）。その写しは日本側にも示されたが、常任委員会の合理化と議会の業務負担軽減を眼目とした同法は、決して日本的な意味での法典ではないということも、十分留意すべきであろう[9]（黒田覚）。

すなわち、まず同法は委員会の数を上院で三三から一五に、下院で四八から一九にするなど委員会を大幅に整理したが、その内容は、第三編「ロビイング規制法」、第四篇「不法行為法」、第五編「General Bridge Act」などを混在させたものであって、第二篇は「雑規定」、第六篇は「連邦議会議員の歳費及び退職金」について定めるにすぎない（一九七〇年の同一名称立法では、内容が変わっている）。

また、立法府再編法第一篇「上下両院の準則の修正」中の一〇一条によれば、「本篇の以下の条項は、連邦議会によって制定されたが、それは、(a)上下両院各々の準則決定権（rule-making power）の行使としてであり、このようなものとして、それらは各議院又はそれがとくに適用される議院の準則の一部とみなされ、それと相容れない限りで当該準則は他の準則に勝る効力を有する。(b)かつ、各議院が、その議院の他の準則の場合と同様な方法及び範囲で、当該準則を何時でも変更する憲法上の権利を全面的に承認した上でのものである。」とされた。ここには「紳士協約」説に通じる考え方を明瞭にみることができよう。

なお、これを承けて一九五三年に採択された下院規則四二則も、同じ趣旨から、「ジェファソン議事提要に含まれる議会手続準則並びに一九四六年立法府再編法の諸規定及びその修正は、それらが適用されうるすべての場合に、かつそれらが本院の議事規則（standing rules and orders）及び上下両院合同規則（joint rules）に抵触しない限りで、本院を拘束する（govern）」ことを定めている。[10]

さて、明治憲法下の議院法は全九十九カ条、制定当時の国会法は全百三十二カ条であり、ここに現われた議院自律権の内実は、明治憲法下のそれに比べて後退しているとすらいえよう。その原因は、アメリカの立法府再編法にならって常任委員会制度などについて詳しく規定しようとしたためであるが、アメリカ議会の場合は、右にみたように、常任委員会を整理統合することが主たる狙いであった。これに対し、「議院法伝統」に馴れ、いわば両院同一準則観の根強い日本では、右にみたアメリカの立法府再編法や下院規則のような規定を欠くために、却って法律による規制を増大させてしまったことになる。

（1） Report of Government Section-SCAP, *Political Reorientation of Japan*, vol. 1, 1949, p. 153.
（2） See, George B. Galloway, *The Legislative Process in Congress*, 1955, p. 347 et s.

（3）笹川隆太郎＝布田勉「憲法改正草案要綱の成立の経緯(1)」（前掲）八一頁参照。
（4）憲法調査会第二委員会『憲法運用の実際についての調査報告書――国会・内閣・財政・地方自治』（憲法調査会報告書付属文書四号、一九六四年）九七頁。
（5）議院法伝統の意味・内容については、大石『議院法制定史の研究』（成文堂、一九九〇年）、同「日本議会法伝統の形成」議会政治研究一五号（一九九〇年）〔本書六八頁以下〕などを参照されたい。
（6）Report of G.S. -SCAP, *op, cit.*, pp. 147-148. J. Williams, *Japans' Political Revolution under MacArthur*, 1979, p. 25. ジャスティン・ウィリアムズ『マッカーサーの政治改革』（市雄貴＝星健一訳・朝日新聞社、一九八九年）三九頁参照。
（7）貴族院・特別委員会議事速記録（前掲）第一八号三七頁。参照、清水・前掲書（第三巻）二二四頁以下。
（8）憲法調査会事務局『西澤哲四郎（述）国会法立案過程におけるGHQとの関係』（一九五九年）四頁。
（9）黒田覚「国会制度における英米法的と大陸法的」公法研究二一号（一九五九年）一一頁以下、同「国会法の制定過程と問題点」東京都立大学創立十周年記念論文集（法経篇、一九六〇年）六〇頁以下。
（10）最近の第百六回連邦議会（一九九九年一月）で採択された下院規則では、「前議会の末に本院の議事規則をなしていた法律上の諸規定」及び「ジェファソン議事提要に含まれる議会手続準則」というように改められたが（二八則）、その意味に変わりはない。

7　「規則」制定権の法理と解釈

一　高柳賢三の質疑

一九四六年（昭二一）九月二十三日、貴族院の憲法改正特別委員会は、第六章「司法」関連規定を一

括して審議した。この時、高柳賢三は衆議院修正案第七十七条（政府原案七三条）にふれ、英米裁判所の規則制定権について蘊蓄を傾けたのち、アメリカ合衆国には「憲法で此の権利を保障すると云ふ所迄進展して居る州もある」として、規則制定権は補充立法を主とするとの政府見解をこう批判した。(1)

私は此の憲法を読んで見まして、是は最もさう云ふ方向に向って極端な所迄進んで居る立法だ、即ち憲法に依つて此の最高法院に依る立法権の行使と云ふものを保障して居ると云ふ意味は、国会の干渉を排除すると云ふ所に意味があって、細かい規則などを拵へる権能等を憲法で保障すると云ふことは「ナンセンス」であると思ひます……さう云ふ意味……じゃない、是は補充立法と云ふものが主であって、裁判所が細かい規律を作るのだと云ふやうな解釈は此の規則制定権の沿革に照しまして、実に驚くべき解釈であるやうに私には思はれ……司法権に折角与へられたる大きな自治の力と云ふものを自ら捨て去ってしまふ……此の条項と云ふものを全部殺してしまふ解釈であらうと思ふ……

高柳は、また最高裁判所の違憲審査権をみとめた衆議院修正案第八十一条（政府原案七七条）の文言についても、次のように専門家らしい注意を促している。(2)

「一切の法律、命令、規則又は処分」斯う云ふ文字が使ってありますが、命令、規則と云ふのは十六条にも既に現れた文句でありますが、規則と云ふのは、是は命令……の意味の規則かと思ひますが、或は此の憲法だけを読みまするとと云ふと、此の規則と云ふのは、裁判所の作った規則と云ふ風に読めるので、恐らくは英文の方は「ルールス」にはなつて居らないで、「レギュレーション」と云ふので、命令と云ふのを英米人が書けば、「オーディナンセス・オア・レギュレーション」斯う云ふやうに分けて書くのが普通でありますので、是は矢張り規則と云ふのは裁判所の規則、最高裁判所の規則制定権の問題もありますし、どうかと云ふ風に考へられるのであります……

これに対し金森国務大臣は、命令・規則という「二つの言葉は、広義の命令と云ふことと同じ」との解釈を示し、問題の「最高法院の所謂規則」もそこに含まれるとした上で、「此の憲法自体に既に規則と云ふ言葉を使つて居るから、命令だけにすれば言葉が狭過ぎる」と答えた。それにしても、現行憲法は計四カ所で「規則」の語を用いており、その異同はやはり気になる。

二　最高裁判所「規則」の場合

そもそも規則という日本語自体、規範内容を示す場合と規範形式を表す使い方がある。この点に注意して総司令部の憲法起草作業をみると、日本案で一様に「規則」と訳されたため失われてしまった――「英米人が書けば」必ずこうなるという――憲法上の区別が明らかに認められる。つまり、独立的機関が自らの活動や構成員を規律するための自律的準則(rules)と、行政部が人の活動を規律する他律的規制（regulations）とは、書き分けられているのである。

現に、議院「規則」制定権の規定とされる第五十八条二項は、議院自律権を前提にしたもので、そこで院内手続準則決定権を意味すると解されることになるが、原案たるマッカーサー草案も、その前身たる立法権小委員会も、それを rules と表していた。裁判所「規則」制定権についても、同じことがいえよう。

すなわち、現行憲法第七十七条に相当するのは、M・ラウエル、A・ハッシィによる司法権小委員会の作成した修正案第五十七条であるが、ここでは最高裁判所「規則」制定権の対象は、「訴訟に関する手続準則（the rules of practice and of procedure）、弁護士資格の付与、裁判所の内部規律、司法事務処理及び司法権を自由に行使するのに関係があると認めるのが相当なその他の事項」とされ、その権限は the rule-making power として示されていた。(3) これがマッカーサー草案第六十九条となり、その後に「及び司法権」以下の対象事項が削られるなどして、政府原案第七十三条（衆議院修正案七七条）につながっていくわけである。

ここで注意を要するのは、すでにみた議院自律権など他の多くの事項と異なって、アメリカ合衆国憲法には、裁判所「規則」制定権――したがってマッカーサー草案第六十九条・司法権小委員会案第五十七条に当たる規定――は存しないという点である。けれども、これはモデルがなかったことまで意味するわけではない。小委員会案は、確かに司法権の帰属を述べる点で合衆国憲法第三条一節に倣っているが、裁判所の規則制定権を明文化し、最高裁判所の構成を示すといった点において、むしろ連邦裁判所法（合衆国法典二八篇）やニュージャージー州憲法などを参照したものらしい。

このうち前者は、法律による規則制定権の委任という形をとり、最高裁判所は、手続・証拠に関する諸規則の写しを連邦議会に提示すべきことを義務づけている(二〇七一条以下)。後者は、裁判所の規則制定権を憲法典の明文で直接保障した点において「最新の型」に属するものと評価され、正しく「我新憲法の模範」(4)（高柳賢三）と位置づけられる。憲法第七十七条に関する政府解釈を「憲法の精神」を殺ぐものと強く難詰した所以もそこにある。

しかし他方、国会の立法権や罪刑法定主義の要請なども無視しえない、事実、アメリカでも州によって扱いが異なっているようである。その意味で、日本の戦後司法制度改革に携わったアルフレッド・オプラー（Alfred Oppler, 1893–1982）が、「最高裁判所規則が制定法の規定を変更し、又は廃止しうるかという興味ある問題は、今までのところまだ決着がつけられていない」[5]という観察をしたことは、一刀両断的な解決になじまない問題であることを告白したものといえよう。

三　違憲審査対象としての「規則」

他方、現行憲法第八十一条の原案たるマッカーサー草案第七十三条が、人権規定以外の問題にかかわる最高裁判所の違憲判決に国会による再審査制を想定していたことは、広く知られている。そこでは合憲性判断の対象は、「一切の法律、命令、規則又は処分」(any law, ordinance, regulation or official act) という文言で示されていた。その原型たる司法権小委員会原案第六十条も同じ文言を用いていたが、末尾は「規則又は政府の職員の職務上の行為」(……regulation or imperial or official act of any officer, agent or employee of the government) となっていた。[6]いずれにしても、「規則又は処分」が行政府の命令を指し、自律的準則 (rules) を含まないことは、確かである。

したがって、その成文形式である両議院規則などを右の「規則」に読み込む通説的な解釈は、いわば「折角與へられたる大きな自治の力と云ふものを自ら捨て去つてしまふ」ようなものであるが、この点については補強材料もある。まず、内閣の制定する政令（七三条六号）は、マッカーサー草案第六十五条では「命令及び規則」(orders and regulations)、その前身たる行政府小委員会原案では「行政部命令」（executive orders）と記されており、rulesという語が用いられることはまったくなかった。

また、憲法典の制定とほぼ併行して定められた関連法規との整合性も問題になろう。現に裁判所法（昭二二法五九）は、憲法第八十一条に倣って「法律、命令、規則又は処分」を掲げたが（一〇条一号・二号）、総司令部に提出された英訳では、やはりstatute, ordinance, regulationなどと表現されている。[7]同じ時期の最高裁判所裁判事務処理規則（同年最規六）も、「法律、命令、規則又は処分」を列挙し（一二条）、これらが憲法に適合しないとの裁判をしたときは「裁判書の正本を内閣に送付する」ことを定めた（一四条）。ここで、自律的準則たる両議院規則などを違憲審査対象たる「規則」に含ませ、内閣に送付することを定めたとするのは、理解しがたい。

さて、アメリカ合衆国の司法的違憲審査制は、判例自ら創造した憲法的権限であるから、むろん日本国憲法八十一条に相当する規定は存しない。そこで、一体どうして「法律、命令、規則又は処分」と並記したのかも気になるが、実は、明治憲法第七十六条にいう「法律規則命令」は、かつて伊東巳代治が英訳し、総司令部も参照した『憲法義解』の中で、laws, regulations, ordinancesとされていた。[8]後二者の順序を入れ替えれば足りるわけである。

付記すれば、現行憲法第十六条の原案はマッカーサー草案第十五条であり、その原型はP・ルースト、ハリィ・ワイルズ（Harry E. Wildes）による人権小委員会案第八条にあるが、いずれもやはり「法律、命令又は規則」（laws, ordinances or regulations）という字句で表現していたのである。[9]

（1）　貴族院・特別委員会議事速記録（前掲）第二〇号二二頁。参照、清水・前掲書（第三巻）四八九頁。

（2）　貴族院・速記録（前掲）第二〇号二四頁。参照、清水・前掲書（第三巻）五六二―五六三頁。

(3) 犬丸監修『日本国憲法制定の経緯』一〇四頁所収。
(4) 高柳賢三『英国公法の理論』(有斐閣、一九四八年) 三三三頁。
(5) A・オプラー『日本占領と法制改革』(納谷廣美＝高地茂世訳・日本評論社、一九九〇年) 八四頁。
(6) 犬丸監修『日本国憲法制定の経緯』一〇五頁所収。
(7) 第十次裁判所法案──そのまま第九十二回帝国議会で成立する──の英訳によれば、第十条一号・二号は、constitutionality［unconstitutionality］ of a statute, ordinance, regulation or disposition と表現されている。内藤頼博『終戦後の司法制度改革の経過』第三分冊 (司法研修所、一九五九年。復刻版・信山社、一九九七年) 四七〇頁。なお、裁判所法制定史については、大石「裁判所法成立過程の再検討──憲法上の論点を中心として」園部逸夫先生古希記念『憲法裁判と行政訴訟』(有斐閣、一九九七年) 一四九頁以下を参照されたい。
(8) Hirobumi Ito, *Commentaries on the Constitution of the Empire of Japan*, 3rd ed., 1931, p. 144.
(9) 犬丸監修『日本国憲法制定の経緯』一一六頁所収。

8　議院内閣制論議の周辺

一　「合理化」の構想

専門家の観察によれば、「成文憲法で議院内閣制を規定するとすれば、政府が議会(または下院)の信任をその在職の要件とすることと、政府が議会(または下院)の解散権をもつことを明文できめれば、それでじゅうぶんである」[1] (宮澤俊義)。

この意味で「もっとも根幹的な規定」と目されるのが、議会・政府間の信任関係と衆議院解散制度を述べる憲法第六十九条である。実際、内閣が立法部の信任を失ったときは、内閣は辞職するか選挙民に訴えるかしなくてはならないという原則は、すでに「日本の統治体制の改革」（SWNCC-228）にも明記されており、これに対応する規定は総司令部の原案段階からあった(2)（国会小委員会第一次案二三条、行政権小委員会第一次案五条）。

その規定は、マッカーサー草案までは、解散・総選挙後の特別国会召集に関する定め（現行憲法五四条）をも含み、かつ「国会」章の中に置かれていた（草案五七条）。ところが、日本側の三月二日案は両者を切り離し、特別会召集に関する規定を「国会」章に残しつつ（五四条）、議院内閣制の「根幹的な規定」は「行政」章に移すという形をとった（七一条）。これが総司令部側にも認められた結果、四月草案第六十五条も議会提出案同条も、もっぱら衆議院の内閣不信任と内閣の衆議院解散についての規定となったのである。

さて、再び専門家の眼を通すと、現行憲法は、右の規定から運用上必然的に生まれるであろう「憲法的習律」まで詳しく規定するやり方をとった、という。実際、内閣総理大臣の指名や国務大臣の選任などに関する諸規定（六七条・六八条・七〇条）はそうした含みをもつが、閣僚の議院出席を明文化した点（六三条）も、その意味で内閣と国会の関係を定めたものと解される（この点は後で詳述する）。

このように議院内閣制を形づくる派生的な諸原則をも一々規定した点において、日本国憲法は、「権力の合理化」と呼ばれる――第一次大戦後に制定されたヨーロッパ諸国憲法を彩った――新傾向(3)を取り入れる結果になった。しかし他方、国務大臣の過半数という規定は、イギリス型からみると、むしろ後退と解される余地もある。これは、どのように理解すべきであろうか。

二　大臣選任要件の問題

前記「統治体制の改革」では、国務大臣は「国民代表たる立法部の助言と同意に基づいて選任される」（d1）と位置づけられ、マッカーサー草案までの統治機構構想は、議会支配制的要素を反映したもののごとく見える。実際、行政権小委員会の作成した確定案第三十条は、総理大臣が「国会の助言と承認」（advice and consent）を得て国務大臣を任命すべきことを述べ、マッカーサー草案第六十二条一項につながっている。

だが、この「国会の助言と承認」は、合衆国大統領の上級公務員任命における上院同意手続（同憲法二条二節二項）に相当し、総理大臣の自由な大臣選任権を前提とするようにも読める。しかも、この方法だと、両院制国会を採用するとき、総理大臣の指名と同様に、両議院の議決が異なった場合の取扱いを明記する必要がある。現に、両院制に立った三月二日案第七十条・四月草案第六十四条は、その点を明記していた。

後者の「同意」は、枢密院審査中に「承認」と修正され（五月上旬）、これが帝国議会への政府提出案第六十四条となる。これについては、協同民主党・新政会などから「国会の承認により」を削除して、総理大臣の自由な任免権を確保しようとする修正案が出されたこともある[4]（第六回芦田小委員会、七月三一日）。その趣旨は、国会の信任を受けた総理大臣が選任するのであり、国会承認は国政の停滞を招く恐れがあるというものであった。にもかかわらず、結局、原案維持派が多数を占めたのは、「暫くの間人材の不足とか其の他のことで……議員以外の者からも大臣を採ることがあらう」から、「姑の嫁虐め」のような事態もありうるので、最初に国会の承認を得ておくのがよい（鈴木義男）といった考慮からである。

ここには、議院内閣制である以上、「出来得るだけ衆議院の多数党から全部閣僚が出ることが望ましい」という前提がある。その上で、国会承認は「本来は望ましくない制度だけれども……議員又は政党外の大臣を任用する時に意義がある、さふ云ふ意味で、やはり将来絶対に皆議員の中からだけ大臣を採ると云ふ時代が来るまでは必要な規定である」（鈴木）とされた。当座の措置にすぎないと考えられたわけである。

大臣選任要件の問題は、これで決着したかに見えた。ところが、衆議院における審議の最終段階で問題は蒸し返される。そして、極東委員会の意向を受けた総司令部側の要求によって、現行憲法第六十八条一項但書が出現するに至ったのである。

三 「イギリス流」の議院内閣制？

すなわち、芦田小委員会の最終回（第一三回会合、八月二〇日）の席上、各派協同提案という形で、突如、大臣任命の国会承認制を削り、代わりに、国務大臣の過半数は国会議員の中から任命するとの修正案が出された。金森国務大臣によれば、「専ら関係方面の希望に依るもの」で、前日、総司令部が「善処して貰ひたい」と伝えてきたことに端を発している。(5)

この背景には、七月二日「日本新憲法の基本原則」(6)（Basic Principles for a New Japanese Constitution）なる政策決定をしていた極東委員会との関係がある。同原則は国民主権を原理とし、成年者の普通選挙に基づく代議制・独立した司法部の確立・国民の基本的権利の保障などを掲げたほか（1a～f）、次のような注文も出していた。

3　日本国民が皇帝制度を保持すべきでないと決するときは、同制度に対する憲法上の保護は明らかに不要であるが、憲法は1の諸要件に合致し、以下の点を定めなくてはならない（a・c略）。

b　総理大臣及び国務大臣は、立法部に対して連帯して責任を負う内閣を組織するものとすること。この場合、総理大臣及び国務大臣はすべて文民でなくてはならず、総理大臣を含むその過半数は、国会から選ばれなくてはならない（後略）。

4　もし日本人が皇帝制度を保持すると決するなら、上記1及び3に掲げられたもののほか、以下の保護が必要とされよう。

a　内閣が立法部の信任を失ったときは、内閣は辞任するか選挙民に訴えるかしなくてはならない（b〜d略）。

紛れもなく、アメリカ政府「日本の統治体制の改革」を下敷きにしたものであり、日本憲法の最終承認権をもつと任じていた極東委員会は、その観点から改正草案について検討を進め、七月下旬から八月にかけて、最高司令官とも意見交換をおこなう。この時マッカーサーは、国務大臣の過半数を国会から選ぶ点に反対したものの、結局、日本側に委員会提案を受け入れるよう説くことになったという(7)（G・ブレイクスリー）。

この間の事情は、国務大臣をいかなる者から選任すべきかに関して、金森国務大臣から、以下のように説明された。すなわち、政府提出「改正原案に付きましては、『アメリカ』流の議論とも言はるべきものがある訳であります、所が極東委員会の空気と致しましては、『アメリカ』流の考へ方に対する相当の反対の声が強いのでありまして、寧ろ之を『イギリス』流の原理に依るべきものであると云ふやうな訳で……可なりの多数を以て『イギリス』流の原理を採るべしと云ふやうな結論になつたらしい」というのである。

文字通り「イギリス」流の議院内閣制を理解するなら、国務大臣は、本来「全員国会議員たることを要する」（鈴木義男・犬養健）。そうだとすると、閣僚の過半数を国会議員から選べばよいとの極東委員会案は、むしろ原理からの乖離を意味することになり、それが「イギリス」流の考えに沿ったものだという説明は、かなり苦しい。

他方、先に述べた解釈、つまり国会の指名にかかる総理大臣は、議員枠にとらわれない自由な大臣任命権をもち、政府案第六十四条で要求された「国会の承認」も、大統領の公務員任命に対する上院の承認と同様な意味をもつという理解を前提とするなら、「アメリカ流」論理とイギリス的原理とは、確かに対立的意味をもちえよう。極東委員会の提案は、たぶんこの意味におけるものであろうが、ただ、そうだとすると、専門家の説く「憲法的習律」の視点を欠いていたことになる。

この点で、衆議院での委員会付託後まもなく（七月一日）、「国務大臣は議員より選任すると云ふ規定を設けて貰ひたい」との質疑に対し、「議院内閣の制度が漸次高度に発達致しますれば……大臣は国会の議員から選ばれると云ふやうに、恐らくは自然に向つて行く」(8)と答えた元法制局長官は、やはり玄人であった。

四　質問制度の問題

日本国憲法第六十三条は、「内閣総理大臣その他の国務大臣」を主体とし、その議院出席権をまず述べているが、これは「国会」章の規定としては奇妙な規定のしかたである。これは、元来、同案文が総司令部原案の「行政府」章にあったことに由来するもので、右の行政権小委員会が作成した第一次案第四条は、次のごとくであった。[9]

総理大臣及び国務大臣は、立法部に議席を有すると否とにかかわらず、法律案を提出及び論議し、並びに質問に答弁するため（for the purpose of presenting and arguing bills and answering interpellations）、何時でも立法部に出席することができる。

この規定は、運営委員会との協議ののち「国会」章に移され、末尾部分も「質問に答弁することを求められたときは出席しなければならない」と、その位置にふさわしく修正されている[10]（国会小委員会報告案一六条）。これがマッカーサー草案第五十六条となるが、両院制国会へと変わった三月二日案では、結局、次のような規定になっている（六四条）。

内閣総理大臣及国務各大臣ハ両議院ノ一ニ議席ヲ有スルト否トヲ問ハズ何時タリトモ法律案ニ付討論ヲ為ス為出席スルコトヲ得。質問又ハ質疑ニ対スル答弁ヲ要求セラレタルトキハ出席スルコトヲ要ス。

ここで「質問又ハ質疑」に改めたのは、日本議会法の伝統的な区別に合わせたものである。ここで重要なことは、質問（質疑）と答弁という手続は「議院」を通して行われるものであり、あくまでも本会議におけるやり取りを前提としている。その意味で、右の規定は議院内閣制の一環としての口頭質問の制度を予定したものといえよう。

いわゆる徹宵交渉後に成立した三月六日の政府草案要綱は、総体として、日本側なりに工夫した三月二日案の憲法構想から再び大きくマッカーサー草案への回帰を見せる。だが、この質問制度に関する部分は例外的にほとんど無傷で、ただ、「質問又ハ質疑ニ対スル答弁ヲ要求セラレタルトキハ」が「答弁又ハ説明ノ為出席ヲ求メラレタルトキハ」となった程度である（第五十八）。こうして、四月草案第五十九条が出来上がるが、これはそのまま政府提出案第五十九条となり、衆議院による修正で条数こそ変わったものの、文言修正はまったくなく、そのまま次の現行憲法第六十三条となった。

内閣総理大臣その他の国務大臣は、両議院の一に議席を有すると有しないとにかかはらず、何時でも議案について発言するため議院に出席することができる。また、答弁又は説明のため出席を求められたときは、出席しなければならない。

この規定についてては、制憲議会では目立った論議はない。ただ、貴族院憲法改正委員会の審議において、「内閣総理大臣」は国会議員の中から指名され、当然に議席を有するのであるから、同文言は無意味であり、削除すべきだという主張があった（九月二一日、中村藤兵衛）。これに対し金森国務大臣は、衆議院解散の場合を考えれば、一時的にせよ議員でない総理大臣がありうるのでなお有意味だと応じたが[11]、やや精彩を欠いた答弁であることは否めない。

（1）　宮澤俊義『憲法〈改訂版〉』（有斐閣、一九七二年）三一五頁。
（2）　犬丸監修『日本国憲法制定の経緯』八〇頁、九二頁所収。
（3）　参照、大石『議院自律権の構造』（成文堂、一九八八年）一一四頁以下。

（4）衆議院事務局編・速記録（前掲）一六六頁以下。
（5）衆議院事務局編・速記録（前掲）二七一頁以下。
（6）佐藤達夫＝佐藤功『日本国憲法成立史』第四巻七〇七頁以下所収。
（7）G.H. Blakeslee, *The Far Eastern Commission*, pp. 56-57.
（8）衆議院・憲法改正案委員会議録（前掲）第二回一八頁。参照、清水・前掲書（第三巻）三三九頁。
（9）犬丸監修『日本国憲法制定の経緯』九〇頁所収。
（10）高柳ほか編『日本国憲法制定の過程Ⅰ』一六〇頁所収。
（11）貴族院・特別委員会議事速記録（前掲）第一九号六頁。参照、清水・前掲書（第三巻）二五三―二五四頁。

9　政党法の試みと挫折

一　「国家政党」から「政党国家」へ

政府の「憲法改正草案要綱」公表後の一九四六年（昭二一）四月十日、戦後初の総選挙である第二二回衆議院議員総選挙が行われた。その結果、新憲法草案を審議する第九十回帝国議会では、自由党百四十二・進歩党九十七・社会党九十五といった議席配分になるが（召集日現在、定数四六六名）、この頃、政党と称する団体は二千数百、候補者を立てた政党も二百五十以上に上る有様であった。

むろん、この背景には半年前の連合国最高司令官による「自由の指令」以後解放されたばかりの言論・結社の働きがある。数年前の新体制運動が、いわゆる一国一党、つまり「国家政党」（Staatspartei）の体制に堕した事実を想えば、政党活動の盛行は歓迎すべきことであった。けれども、その一方、議院内閣制を国政運営の基本とする現行憲法の前途にとって、こうした状況が決して望ましくないことも、多くの者が感じたところである。いわゆる破片政党（Splitterparteien）の現象に陥るようなことは、どうしても避けなくてはならない。

その意味で、この問題が六月下旬に始まる憲法制定議会で取り上げられたのは当然であった。まず、衆議院憲法委員会の質疑において、竹谷源太郎議員は、金森徳次郎国務大臣に「象徴」天皇の意味を問い、かの「憧れの中心」論を再言させたのち、政党国家（Parteienstaat）の必然性を述べつつ、議員も政府も協力して「立派な政党国家を作り上げます為に、政党の健全なる発達、進歩と云ふ問題」に取り組むべきことを力説し、どういう用意があるのかと質している（七月九日）。

これは、群小政党が「大学の学生が三十分位で作る作文のやうな政綱政策」をもつにすぎない現状を強く憂慮したものであるが、金森国務大臣は、「政党をどう云ふ風に導くか」は、「下手をすれば角を矯めて牛を殺すと申しますか、本当の政党の値打を削ぎ落すやうな結果にならぬとも」限らない問題である旨、答弁している(1)。政党法制の難しさを踏まえた発言といえようが、二カ月後、この論点は貴族院において——踏み込んだ形で——取り上げられることになる。

二　政党法構想の源泉

すなわち、その問題を正面から取り上げた宮澤俊義は、いわゆる国体問題・選挙公営の強化などを質したのち、新憲法の下では「政党が非常に重要な役割を演ずる」として、次のように述べた(2)（九月六日、憲法委員会）。

政党は殆ど国家の公の機関と言ったやうな地位を占めて来るのではないか……政党の働きと云ふものは、或は其の構造、金の集め方と云った問題が決して私事ではなくなりますから、是はどう致したら宜いか、私も成案がある訳ではございませぬが、必要があるならば其の点に付て適当な立法的な方策を、措置を執ることが妥当なのではないか……

問題は、そうした立法的方策を「平生から考へて居ります」という件の意味である。宮澤は、佐々木惣一・牧野英一などとともに、政府の臨時法制調査会メンバーを兼任したが、同調査会は、先の「憲法改正草案要綱」(三月六日)後に閣議決定され、「憲法の改正に伴ひ、制定又は改正を必要とする主要な法律について、その要綱を示されたい」(吉田首相)との諮問を受けて七月中旬に発足し、制憲議会と並行する形で審議を重ね、十月下旬に最終答申を決定した。しかし、この検討過程でも、政党法論はまったく見出されない。

ただ想起されるのは、一九三六年(昭和一一)夏、雑誌『改造』に寄せた「政党国家から政党独裁政へ」の一節である。ここで宮澤教授は、公職候補者の選定に関して法律で詳しく規定した――トリーペルの発展図式にいう政党の「承認・合法化」段階にある――合衆国の予選制度(Primary Election)に言及した際、すでに「将来もしわが国で『政党法』と云ふ風なものでも作る場合には、アメリカの制度は大いに参照せらるべきであらう(3)」と記している。

さて金森国務大臣は、右の発言を「政党に関しまする何か秩序を国法を以て定むることが宜いのではないか」との趣旨に解した。そして、同様の議論が「私共がまだ法制局の参事官をして居りました頃から……政府部内に起った」事実を紹介しつつ、こう答えている。

政党の妙味ある実質の動きを国家が法を以て律すると云ふことは恐らく成立しない……併しながら政党の謂はば外から見ゆる形と申しまするか、例へば政党の党費をどう云ふ所から得るか、其の党費の使ひ方が公正であると云ふことを如何にして保証するか……と云ふやうな点に付きまして、幾多考うべき点があると思って居ります、併し……政党は一つの生き物でありまして之に対しまして人為的な制約を加へることは事実不可能であるのみならず、弊害も亦予想し得るのであります……

政党法といった統一的な単行法がなかった時代のことでもあり、否定的な認識を示したのであろう。それでも、「先ず資料でも集めて……それから研究したい」と締め括った辺りで含みをもたせたわけであるが、政党法の立案は、間もなく別の方面から進められることになった。

三　内務省の置土産

日本国憲法の公布後まもなく、総司令部民政局のP・ルーストと内務省地方局の鈴木俊一（行政課長、のち東京都知事）との間で、乱立政党の整理を中心課題として政党法立案について話し合いが行われ(一二月一三日)、ほどなく第一次案が作成された(4)(一二月二〇日)。最高司令官は、あまり乗り気ではなかったものの、結局、政党法案を作成して議会に上程するよう日本政府を督促すべきだとのルーストの進言を受け入れたらしい。

そこで翌一九四七年（昭二二）早々、法案概要が閣議に提出された。一月七日付の内務省提出「政党法案要綱」がそれである。これは、「民主政治の運営上政党の有する重要な地位にかんがみ……政党の健全、且つ、民主的な発達を期すること」を基本として、政党の範囲・組織、政党の会計並びに衆議院議員候補者の予選及び選挙について「必要最小限度の規定」を設けており、かつて宮澤教授の関心を引いたアメリカ型「予選」制度も、「政党に属する衆議院議員の候補者は、都道府県又はこれに代わるべき所属党員の総会において、秘密投票により、これを選挙する」として採用されていた。

広く知られている内務省地方局試案「政党法案」(二月三日、全六章三九条)は、これを法文化したもので、「民主政治の運営上政党の有する重要な地位にかんがみ」云々との法案提出理由、政党の範囲・組織、衆議院議員候補者の選挙、政党の会計といった内容に、そのことが示されている。ただ、総司令部関係者には、同案はルーストによって後押しされた「民政局の政党法案」(political parties bill)と映ったようである。

それは、五月三日の現行憲法施行を前にし、第二十三回衆議院議員総選挙を視野に入れた立案であったが、閣内に異論が出て提案は見送られた。そして四月二十五日の総選挙では、政党と称するものは千四百以上、候補者を擁する政党も百二十を超える状況であったから、少し改善されたとはいえ、依然「破片政党」化への懸念は強かった[5]。

ここに政党法制定問題が再び浮上し、衆議院は政党法及び選挙法に関する特別委員会を設けた(七月二九日)。これは「内務省から必要な立法作成の仕事を引き継いだ[6]」(ウィリアムズ)ことを意味する。もともと民政局は、内務省を「民主主義への志向を排撃するための最も効果的な機関」と見ており、「日本の統治機構における中央集権的体制の中心点」たる同省の「分権化」(Decentralization)を進めるよう政府に要求していた(四月三〇日)。にもかかわらず、内閣が最小限の機構改変しか要しない内務省提出の改組案を採用する決定を行なったとの報道に接した民政局は、ついに内務省の解体を決定する(7)（六月二八日）。そこで、衆議院に「日本の現状に即して健全なる民主的政党組織の助長」という「超党派的問題」を検討する特別委員会が設けられたのである。

その後、同委員会修正案が総司令部に提出され、これに対し総司令部が修正意見を付すといった経緯を辿ることになる（内務省は年末廃止）。しかし、結局、民主党の雄、斎藤隆夫から、「政党がたくさんあるから、それを撲滅するために政党法をつくるというのは……憲法違反」で、「一条から終りまで全く無用の条文であるのみならず、寧ろ有害のもの」、「世界に政党法というものは一つもない……そんなものを日本で拵えることは愈〻日本の政治家の意気地のないことを世界に暴露するもの」といった「罵倒」が浴びせられたこともあって(8)、異例の試みは潰えてしまう。

とはいえ、すでにない全国選挙管理委員会法はともかくとして、現行法たる政治資金規正法（昭和二三年法律一九四号）は、「いわば政党法の部分的な代替として成立したもの(9)」（堀本武功）であった。そのことは、しかし、憲法教科書が政党の定義を語るとき、必ず同法を引き合いに出す点を想起するなら、そう驚くには当らないだろう。

（1）以上の問答については、衆議院・憲法改正案委員会議録（前掲）第九回一四〇頁以下。参照、清水・前掲書（第三巻）三三頁以下。
（2）貴族院・特別委員会議事速記録（前掲）第六号二四頁。参照、清水・前掲書（第三巻）三七―三八頁。
（3）宮澤俊義『転回期の政治』（中央公論社、一九三六年）一五〇頁参照。
（4）その前後の事情については、鈴木俊一『官を生きる』（都市出版、一九九九年）八七頁以下参照。

（5）衆議院の議席配分は、五月召集日現在で、社会党一四四人、民主党一三二人、自由党一二九人などとなっていた。
（6）J. Williams, *Japans' Political Revolution under MacArthur*, p. 226. 参照、ウィリアムズ『マッカーサーの政治改革』（前掲訳書）三三〇頁。
（7）参照、平野孝『内務省解体史論』（法律文化社、一九九〇年）一五四頁以下。
（8）斎藤隆夫「政党法案の批判」法律新報七四〇号（一九四七年）一七頁以下。
（9）堀本武功『世界の政党法』（麹町出版、一九八四年）一五頁。

Ⅷ　戦後憲法学の展開

1　改憲論タブー形成史としての戦後憲法史

マッカーサー草案を基に成立し、皇室典範・国会法・内閣法・裁判所法などの附属法規とともに、一九四七年（昭二二）五月三日から施行された日本国憲法は、制定当時の姿のまま半世紀を経た今日でも通用している。この間の歩みを振り返るとき、その初期、つまり主権を喪っていた占領管理体制の下、総司令部の主導によって生まれ、さらにサンフランシスコ平和条約の発効までの約五年間、占領軍の監視の下に運用された時期は、やはり特異な憲法史というほかない。

すべては連合国最高司令官の下にあり、総司令部の意向を請けた管理法令の前には「最高法規」と称する憲法も無力で、そこに書かれた「国民主権」も空文にすぎなかったからである。したがって、本当の意味での憲法学も、この時期には成立しえなかったといってよい。

一九五二年（昭二七）四月二十八日、平和条約の発効によって、ようやく政府のすべての活動が「最高法規」の支配に服することになり、国政のあり方を決める最高の力は国民にあるという「国民主権」の原理を生かす道も開かれた。だが、今度は米ソ冷戦の最中での主権回復に伴う再軍備問題や天皇制をめぐるイデオロギー対立などから、憲法見直し論は「逆コース」に加担する復古主義的な「右」の改憲論とラベルを貼られ、見直し反対論は、その保守的性格にもかかわらず、この逆流に抗する革新的な「左」の護憲論と色分けされる。

この構図は、一九五五年（昭三〇）秋の「五十五年体制」の成立以来、国民にも言論界にもすっかり定着してしまう。翌年発足した政府の憲法調査会（会長・高柳賢三）は、制度上、単に「日本国憲法に検討を加え、関係諸問題を調査審議」するものとされたにすぎないのに、委員就任を固辞した人々があったのは、そこに改憲論を見たからであろう。

こうした状況は、その後の長い自民党単独政権を背景として、約三十五年間にわたって続くことになる。ここで重要なことは、日本国憲法によれば、憲法改正は主権を有する国民が最終的に決着を付ける問題であるのに、国政の舞台では、政府による憲法改正の意図いかんという、いわば門前でのやり取りに議論が集中したという点である。つまり、野党はその芽を摘むことに躍起になり、与党は法律や予算などを速やかに通すため、できるだけ改正問題には触れまいとする。こうして一種の改憲論タブーが次第に形成され、禁忌を破って「失言」した大臣は罷免されるという慣例から出来上がったが、それとともに「国民主権」も「最高法規」を作り、改める力としては事実上封印され、国政選挙を通して行使するだけの力に矮小化されてしまった。

冷戦終結後、ソ連が崩壊して間もなく自民党単独政権も終わりを告げ(一九九三年夏)、いわゆる連立政権の時代に入った。その翌年、自民党に支えられた社会党政権が誕生し、党是でもあった自衛隊違憲論から合憲論へと大きく政策を転換してからは、従来型の改憲論タブーはほぼ姿を消したかに見える。そして、一般国民の間にも改正論議そのものへの抵抗感が薄らいだらしいことは、幾つかの新聞の調査結果に示されている。

だが、長い歴史を持つ自民党の憲法調査会も、流動的な政治情勢の中、社民党に配慮して本格的な憲法改正論議を進める気配はないと伝えられる。しかも、選挙とともに「国民主権」を具体化するもう一つの道である、国民投票、つまり憲法改正への参加資格や実施手続などを定める法律は、憲法施行後半世紀を経た今日でもいまだ整備されず、この点に関しては、「国民主権」原理に敏感な人々もとくに痛痒を感じていないかのように見える。その意味で、硬直した改憲論タブーの後遺症はまだ残っているのである。

2　戦後憲法学の憲法典至上主義と関心対象

一　憲法学の守備範囲

政治生活を規律する憲法典は、もともと、他の領域の諸法典に見られるような体系性や網羅性に欠けるところがあるが、主として国家機関を名宛人にするその諸規定も、市民生活を規整する民法・商法・刑法などに比べると、きわめて簡短な部類に属する。ヨーロッパ諸国では、権利保障規定の効力を私人にも直接及ぼしたポルトガル憲法（一九七六年）が二百九十八カ条を数え、日本の改正刑法を三十カ条余り上回るという異例の長さを誇っているが、それでも民法その他の法典にはほど遠い。

いずれにせよ、国家機関に活動規準を具体的に示し、国民の政治生活を細かく規律するには、憲法典の規定だけでは不十分であり、それを補う憲法原理や憲法附属法規が重要な意味をもつ。したがって憲法学は、どこでも国家学・一般憲法・比較憲法・憲法史といった広がりをもって営まれる。そして、憲法附属法のあり方に何らかの方向を示すためにも、憲法典には明文化されていない、いわば隠れた国政上の原理や規準を探りだそうと努め、これを基礎として憲法解釈を行おうとするのである。

こうした事情は、圧倒的なドイツ国法学の影響の下にあった明治憲法時代でも同じであった。穂積八束に代表される正統学派、有賀長雄に始まる立憲学派の別を問わず、そうした視野の中で憲法解釈を行うのが常道とされたのである。だが、どちらかと言えば、憲法典の君主主義的側面を強調した正統学派より、民主主義的な要素にも十分配慮した立憲学派の方が、その傾向は強かった。東京学派の美濃部達吉、京都学派の佐々木惣一といった人々はその代表格であり、その著作が戦後もなお強い影響を保持した秘訣もそこにあるが、そうした憲法学の広がりを鮮やかな形で示し、その意味で憲法解釈の前提となる基本原理を確立したのは、美濃部の後任、宮澤俊義である。

師の「天皇機関説」事件後、とみに加速してきた権威主義のもと、価値相対主義を宗とし、ウィーン学派に身を包み、フランス公法学を糧とした宮澤俊義が著した『憲法略説』（岩波書店、一九四二年）は、さまざまな意匠を凝らした一種の理論書である。そこにしきりに伊藤博文名の半官的注釈書『憲法義解』や穂積八束の書物が引用されるからといって、時局への迎合を見るのは誤っている。その構想や志操の堅固であることは、十後後の『憲法』（有斐閣、改訂版＝一九六九年）を繙けばすぐにわかるが、何より、リベラリストの梁山泊だった伊東治正主宰の「憲法史研究会」に設立当初から加わった宮澤には、そこに身を寄せつつ、憲法運用史という問題意識から原典の意味を改めて問うことのできる時代であったのである。

二　戦後憲法学の姿勢

さて、戦後憲法学は、先に一言したように占領体制の解除とともにスタートしたが、その多くは、宮澤俊義自ら制定に関与した日本国憲法に一種の帰依にも似た姿勢を示すとともに、宮澤憲法学の枠組みを自明のものとして、一九五五年（昭三〇）の『日本国憲法』（日本評論社、芦部信喜による補訂版＝一九七八年）を迎えた。以後これは、少し前に出た佐藤功教授のコンパクトな『憲法』（有斐閣、新版＝一九八三年）とともに、最も権威のある注釈書となり、そこでの解釈がいわゆる通説を形成することになる。その成功の鍵が比類なき学殖、バランス感覚、そして優雅な文飾に由来する豊かな説得力にあったに違いないにせよ、天皇を「ロボット」に喩え、自衛隊違憲論を説くあたりなど、同世代の清宮四郎はもちろん、次代を担う若手憲法学者の多くが共有していた反「逆コース」心情に合致していた点も否定できまい。

こうして、戦後憲法学はその第一世代が設けた枠組みを再検討し、日本国憲法を相対化するという視点を次第に失い、もともと完全無欠ではありえない憲法典を不動の前提とし、その条項の解釈論議に終始するようになったのである。

その結果、とくに先進立憲主義諸国の憲法体制・統治組織の多様性や特質などを探る研究は盛んに行われるものの、その背景にある政治社会のあり方をめぐる経験的な智恵というものが生かされることはほとんどない。したがって、かつて自由民権運動を担った人々が比較憲法に学んで示したような制度的構想力も、まず育つことはない。比較憲法的な知識は自己の地位を飾るペダントリーにすぎないわけである。さらに現行憲法典を相対化する視点を欠くため、日本憲法史というものへの関心は著しく低く、憲法史研究はまるで好事家の博物館巡り扱いである。これでは自らの過去に学んで今後の展望を開くということも期待できまい。

むろん、これに反省を促す試みがなかったわけではない。元来マルクス主義法学は早くからそうした方向を取り、例えば第一世代の憲法史家でもある鈴木安蔵は、多くの憲法書が公理のように前提とする「社会国家」論などを厳しく批判し、その系譜に属する第二世代の長谷川正安教授も、占領下の「国民主権」論の虚構性を鋭く突いている。また、宮澤門下でありながら、師の築いた「予算」観に根本から疑問を呈すると同時に、憲法と憲法典、憲法法理の問題と通常法律のそれとの混同を戒めた同世代の小嶋和司は、単なる条文解釈に終始する憲法学のあり方に強い危惧を表明しつづけた。

確かに、憲法典は国政の内容をくまなく示したものではなく、国政上の問題の解決をすべてその解釈に求めるのは無理がある。しかし、いわゆるPKO法案が問題になった時、賛成派は憲法前文を、反対派は第九条を引き合いに出した事実を見ても、憲法典のみに依拠した解釈論議はかなり根強く、そこから政策的選択の当不当まで導こうとする傾向はまだ残っているようである。

三　憲法学の関心対象

一般に憲法典の規定は人権保障と統治機構とに大別され、日本国憲法もこの分け方に従っているが、右のような憲法典中心主義は、憲法学に携わる者の姿勢にある偏りを生んだ。もともと第二世代までの戦後憲法学には、自ら経験した戦時期の異常な国家性の肥大に対する反動として、新機軸の人権規定には拡大解釈を行い、伝統的な国権規定には縮小解釈を施すという一般的指向が認められる。だが、第三世代になると、憲法典に書かれたことがらには関心を寄せる一方、そうでない問題には目が届かず、日本国憲法の規定の効力に疑いを差しはさむ見方には冷淡になるという傾向が出てきた。

第九条論争にもそれが見られ、戦力全面否定説はもちろん、限定放棄説に立つ学者の間でも、最近まで防衛制度そのものはいわば厄介者扱いされてきた感がある。また、戦力放棄に関する規定の法的効力それ自体を認めない高柳賢三の「政治的マニフェスト」論や伊藤正己教授の「政治的規範」説などは、本質的な問題提起をしているにもかかわらず、第九条解釈としては論外といった受け止め方をされているように思われる。

統治機構の分野では、憲法学は、まず、「国民代表」からなる「国権の最高機関」と謳われる国会のあり方については、常に高い関心を示してきた。それでも、現代憲法学では常識になったことがらであるのに、憲法典に定めがあれば妙にこだわり、明文がなければほとんど論じないという傾向は、依然強く残っている。本会議定足数の問題は前者の例、政府統制権という考え方は後者の例であるが、いま前者を例に取れば、本会議の議事(議決)定足数という考え方は、諸国の議会ではすでに捨てられるか又は緩やかに解されるかしている。限られた時間の中、効率的な議院運営を確保するためであるが、明治憲法以来その要件を諸国より緩和してきたわが国で、その算定基準や要件を欠いた場合の問題などを力説しているのは、皮肉というほかはない。

むろん、そうした傾向を免れた例もある。議院内閣制をめぐる論議がその代表であって、日本国憲法の定める統治機構をどう理解するかは、第二世代までの戦後憲法学の共有した大きな争点であった。ただ、それは解散という国事行為をめぐる解釈問題（いわゆる解散権論争）が絡んでおり、多分にイデオロギー的な天皇制論争の側面をもっていたことは否定できまい。

内閣の裁量的解散という運用が定着した今日、第三世代以下の憲法学の多くは、むしろ解散制度の中に「直接民主制」の契機を見る杉原泰雄教授に刺激され、又は均衡本質論・責任本質論という図式を提示した樋口陽一教授に導かれた議院内閣制論へと関心を移しているかに見受けられる。いずれにせよ、ここでは日本国憲法のみを手掛かりとした解釈論議では通用しないことは明らかである。

他方、行政法その他の広い知見を必要とする国家行政組織や財政制度などに関する本格的研究は少なく、この分野ではいわば個性派俳優の活動が目立っている。戦後憲法学第一世代に近い佐藤功教授を除くと、以後の世代に属する論客としては、財政条項をめぐる憲法問題について比較法史的考察から現行制度にメスを入れた前記の小嶋和司や、国会の議決を経ない政府策定の「計画」が支配する「行政国家」現象に対して警鐘を鳴らす手島孝教授などの問題提起を挙げることができるにすぎない。

もっとも、明治以来の伝統に腰を据え、通説にも支えられた行政実務は、ほとんど動じる気配はない。実際、憲法にいう「予備費」は、明らかに各年度予算とは別の恒常的基金であるにもかかわらず、年度予算中の使途未定の予備金というように制度を取り違えた結果、暫定予算も成立しない場合に「予算の空白」という事態を生み、対処に困っている例すらある。しかも、こうした問題への憲法学の関心は低く、やはり個性派研究者の登場を待つほかない舞台のようである。

これに対し、平等原則・表現の自由など権利保障分野の研究は盛んで、研究者の関心は常に高い。

信教の自由・結社の自由など、他の法領域と関連する具体的な制度を念頭に置いた包括的な研究を必要とする部分もないわけではないが、何といっても、権利保障と裁判制度との関係を睨んで具体的な違憲審査規準を探究するやり方は、戦前の憲法学には全く見られなかった手法として特筆に値しよう。

「司法審査制」の母国、アメリカ合衆国での研究成果を生かした宮澤門下の芦部信喜は、その代表格であった。とくに最終審の憲法解釈の実践的意義に着目し、その展開を期待した「憲法訴訟論」を確立することによって、後述するような教条主義的理念論にとかく傾きがちであった憲法学を脱イデオロギー化の方向に導いた意味は、きわめて大きい。理念の要求と手続の安定との間に悩む司法実務が素早くこれに呼応したのは当然のことであり、その流れは第三世代の佐藤幸治教授ほかの人々によって批判的に継承され、憲法訴訟論の研究水準は他を圧している感がある。

ただ、そのあまり、合衆国判例の紹介分析を中心とした議論のスタイルが研究者に常態化し、訴訟技術の問題に走りすぎだとして反省を促す声もないではない。だが、そもそも憲法訴訟論の枠組みでは権利保障規定をめぐる解釈問題が中心を占め、最高裁の判例を中心とした議論になることは必定であろう。ところが、そうなればなるほど、結果的に判例又は具体的事件の後追いになってしまう傾向があることも否定できない。判例への短評にかなりの頁を割いた憲法書が多いだけに、憲法学が学問としての体系性と自律性をどれだけ維持できるか、改めて考えさせられることもある。また、最高裁の判例を「法源」として認めるかどうかには争いがあるが、憲法訴訟論はこれを肯定することから出発しなくてはならず、およそ法である以上その形式的効力の問題も明らかにすべきであろう。

3　教壇啓蒙主義としての憲法学

一　護教論的な性格

多くの憲法書は、国民主権・平和主義・基本的人権の尊重というように、日本国憲法の内容を「憲法の基本原理」として総括する。これは現行憲法の特質を抽出したにすぎず、後に述べる憲法改正限界論との関係で意味をもつにすぎないが、さらに、憲法典にはまったく見当らない「社会国家」「福祉国家」などのスローガンを掲げる傾向もある。

むろん、日本国憲法には生存権や労働権の規定があるから、これに着目してそう説くことに異論はない。だが、それらの規定を「社会国家」理念や「福祉国家」原理の表れとみて、これを解釈上の前提とするような説き方をするのは問題であろう。その内容は不確定で、かつ公理性も疑わしいのに、理念や原理であるが故に貫徹や拡充の方向が良しとされる。だが、元来、平等原則は国権の発動を促す力学をもち、いわゆる社会権の拡大解釈は国権の肥大を招くという帰結を忘れては困るのである。

また多くの憲法学説は、「国民主権」を説いて、国政のあり方を決める最高の力は国民にあることだと説明し、憲法改正に必要な国民投票にその具体的な表現をみて、その意義を強調する。しかし、一方では、その改正手続きによっても変えることのできないものがあるともいう。いわゆる憲法改正限界論である。ところが、この場合、変更不可能な内容のカタログまで論者の間で合意があるわけではなく、主権の所在のみに限るとするもの（宮澤俊義）、右に掲げた憲法の基本原理すべてと説くもの（多数）、憲法改正手続規定それ自体もそうだとするもの（清宮四郎）など、さまざまである。

いずれにせよ、定義上「国民主権」原理と憲法改正限界論とが矛盾することは明らかで、それを両立しうるかのように説くところに、現行憲法のための護教論的な性格が付着しているのを、私は感じる。そのそしりを受けない道は、人為法を拘束する自然法の存在を認める議論にくみするか、ドイツやポルトガル憲法などのように、憲法改正は議会手続のみで完結させるかのいずれかしかないであろう。しかし、まず、佐々木惣一のように、自然法論者であることを自認する学者は、きわめて稀であり、他方、後者の場合、憲法改正は立法権の一つにすぎないから、これが全能でないことに異論を唱える者はいない。だが、憲法改正手続に国民を関与させないように改めるなどと言えば、今度は「国民主権」への許しがたい挑戦だと反論されることは目に見えており、とくに憲法改正手続規定も改正できないとする人は目をむくに違いない。

一九七〇年代、私が学生であった頃、民法・刑法・商法といった他の科目と違って、憲法の参考書には「国民は……しなくてはならない」「国が……することは許されない」といった言い回しが多く、閉口したことをよく覚えている。法学的レトリックの限度を越えた説教口調があちこちに見られ、国民道徳を吹き込もうとする著者の態度に違和感を覚えて仕方がなかったからである。

さすがに、熱い政治の季節が過ぎ去り、憲法訴訟論が定着するとともに、そうした教壇啓蒙主義の臭いの強いものは、次第に姿を消していった。だが、長い間それが憲法書の基本的なトーンであり、そういう憲法観念が国民に植え付けられたことは、決して無視できない。現に、今でも憲法は理想を書くものだと思っている人は少なくないようである。

このような憲法解釈に名を借りた国民道徳論と先に述べた護教論的な憲法改正限界論とが結び付けば、憲法というものはおよそ変えるべきものではなく、改正を云々することは怪しいという固定観念が流布することは必然であろう。それは、結局のところ、明治憲法時代と同じような「不磨の大典」観が支配することを認めるのに帰着する。しかし、その結果として、日本国憲法が身上としているはずの「国民主権」の原理性を失わせることも確かであり、いったん憲法が制定されれば、その後の国民は「囚われの主権者」にすぎないということになる。もっとも、振り返ってみれば、現行憲法の制定された一九四六年時点での国民も真の主権者ではありえなかったわけで、案外それが等身大の国民像なのかもしれないが。

二　現行憲法の位置づけ

最後に、憲法学の素材としての現行憲法の評価についても少し述べておこう。しばらく前まで、日本国憲法は、明治憲法（旧憲法）との対比でとくに「新憲法」と呼ばれ、その新しさが強調された。確かに明治憲法と現行憲法とでは、拠って立つ基本的な思想の点でも規定内容の上でも大きな違いがある。また、皮肉なことに、制定過程の点でも「新憲法」の場合にはまったく新しいやり方が採られたといえよう。しかし、その規定のスタイルや運用の仕方を見ると、両者の間には意外に共通する点が見出されるとともに、日本国憲法には現代憲法というには物足りない面もかなりあるようである。

すなわち、まず一八八九年（明二二）の明治憲法が、一八一〇年代南ドイツや一八五〇年プロイセンの諸憲法をモデルに制定されたこと、したがって立憲諸国の憲法典と比べると、すでにその制定時点においてかなり立ち後れた内容をもっていたことは、衆知の通りである。日本国憲法はまったく異なった憲法思想に立っているが、国民代表議会のみが立法権を行う古典的な代表統治制ではなく、国民が憲法改正に関与するという意味で、国民も自ら直接に立法作用を行う「半直接民主制」を採っているとともに、議会優位型の議院内閣制を予定するという点で、基本的に第一次世界大戦後の憲法類型に属している。これまた一時代前の規定の仕方に似ているのである。

また、明治憲法は、「帝国の政治に関する大綱目のみに止め、その条文の如きも簡短明瞭にし、且つ将来国運の進展に順応する様伸縮自在たるべき事」という方針の下に起草された。その結果、議院法や選挙法といった憲法附属法が重要な意味をもつことになったが、まったく違った状況の中で制定された日本国憲法も、やはり条文の数は少なく規定も簡短であり、国会法・内閣法・裁判所法・財政法などの附属法規を参考にしないと、憲法全体のあり方がつかめない点でも共通したものがある。

さらに、いずれも半世紀の間に内外の状況は大きく変わったのに、憲法改正はその間一度も行われていない。右に述べた規定の簡短さによるところが多いわけであるが、その結果、明治憲法の制定から三十年経った第一次世界大戦後に、憲法起草者が頼りとしたヨーロッパ大陸のドイツやオーストリア＝ハンガリーなどの帝国はすべて崩壊し、代わって誕生した共和制の諸国家では相次いで新憲法が制定された。その典型であるワイマール憲法（一九一九年）などの枠組みで制定当時のままの明治憲法をみると、規定の内容もスタイルも、実に古色蒼然とした感じを与えることになる。

同じように、一九四九年のドイツ連邦憲法や一九五八年のフランス憲法など、日本国憲法成立後に制定された諸憲法の中にわが憲法を置いてみよう。そうすると、予算不成立の場合に対処する規定や国家緊急権に関する規定がないなど、現代憲法というにはかなり楽観的であり、国会で決めるべき法規を政府の決定にゆだねる「立法の委任」を認める規準をほとんど示さないなど、規定の仕方にも不十分なところがあって、やはり古いという印象を禁じえないだろう。とはいっても、憲法改正への道はあまりにも遠く、ここでは「解釈改憲」といったこともありえないから、結局、憲法附属法の改廃という形で対処するしか方法はなさそうである。

権利保障規定にも同じような問題があるが、これに関しては、まず一九四八年の世界人権宣言と一九六六年の国際人権規約とを較べてみると、面白いことが判る。たまたま、いずれも第十八条で思想・良心・宗教の自由を、第十九条で表現の自由を述べているが、いま後者を例に取ると、世界人権宣言では、「すべて人は、意見及び表現の自由に対する権利を有する。この権利は、干渉を受けることなく自己の意見をもつ自由並びにあらゆる手段により、また、国境を越えると否とにかかわりなく、情報及び思想を求め、受け、及び伝える自由を含む。」というにとどまる。

これに対し、国際人権規約（自由権規約）は、そうした権利自由を確認しつつ（一・二項）、この「権利の行使には、特別の義務及び責任を伴う」とし、「他の者の権利又は信用の尊重」「国の安全、公の秩序又は公衆の健康若しくは道徳の保護」という目的に必要な限度で法律の定める「一定の制限」に服する旨を明記している（三項）。

このような違いに注意して、改めて日本国憲法をみると、その権利保障規定は法的拘束力のないものとして決議された世界人権宣言のスタイルに近く、それ自体として法的な射程を見極めるのが難しい書き方をしていることがよくわかる。そこで最高裁判所の判例は、権利保障の内実を具体的に確定する役割を担っていることになるが、右の例が示すように、憲法訴訟で最近よく引合いに出される国際人権規約の定めは、反って、憲法典における権利保障規定のあり方をも示唆していて、興味ぶかいものがある。

第三部　憲法史と憲法解釈

——社寺境内地処分問題の場合

IX　いわゆる国有境内地処分法の憲法史的考察

――その合憲性の問題に寄せて――

1　問題の所在

一　いわゆる国有境内地処分法、すなわち「社寺等に無償で貸し付けてある国有財産の処分に関する法律」（昭和二十二年四月十二日法律五十三号）は、政教分離原則の一環をなす憲法第八十九条前段に定める公的財産供用の禁止との関係が争われた数少ない立法例である。これに関しては、すでに最高裁判所の合憲判断があり（最大判昭和三十三年十二月二十四日民集一二巻一六号三三五二号）、学説上も――憲法第八十九条に反するとの議論もないではないが――沿革上の理由を根拠にした合憲論が大勢を占めているようである(1)。

ただ、合憲論とはいっても、その論法はいわば消極的肯定論である。というのも、その評価は、一般に、憲法調査会第二委員会『憲法運用の実際についての調査報告書』（一九六四年七月、憲法調査会報告書付属文書四号）が述べるように、同法は「右土地等を明治初期に何等の補償もなく国有地に指定し、そのため、従来、寺院等はそれに対して一種の請求権を有すると考えられていたという沿革を根拠としての立法」であり、「最高裁判所判決もこの沿革的理由を是認したにとどまり、他の本条［憲法八九条］関係事件に対する先例性には乏しい(2)」（三二七頁）というものだからである。

こうした国有境内地処分法の理解は、言うまでもなく、「明治初年に寺院の所有権がかならずしも明確に確立していなかった際に、それらの土地を無償で国有にしたものであり……寺院がそれらの土地に対して、なんらかの特殊的な利益を主張する権利を有することは漠然と承認されていたような事情もあり、いわば寺院はそれらの土地に対して一種の不確定な請求権的利益をもっていたとみとめられた」という「特殊な沿革的な事情」を踏まえ、「そうした請求権的利益を承認し、これにそれらの土地の所有権を移転したという性格をもつものと説明できる(3)」という当時の有力な学説を踏襲したものである。

二　しかし、右の説明中の「特殊的な利益」やその権利主張が「漠然と承認されていた」というのは、やや誤解を招きやすい表現であって、そこに精確な歴史的背景の説明を伴わなければ、却って人々を単なる観念的な憲法論へと向かわせることになろう。国有境内地処分法の理解自体についても、私は、従来のいわば弁明的合憲論ではなく、むしろ積極的に信教の自由と政教分離原則との合理的な調和を図った立法だと評価するものであり、先に「学説は、この事件をもっぱら憲法第八十九条の問題としてとらえてきた感があるが、その受けとめ方は妥当とは思われず、再検討しなくてはならない面を含んでいる(4)」と述べたのは、その趣旨に基づく。

ところで、このたび宗教的自由又は政教分離の問題に関するわが国の代表的論客の一人である横田耕一教授の還暦祝賀号に寄稿する光栄に浴することになった。そこでこの機会を利用して、特殊的な権利主張が「漠然と承認されていた」という通説の曖昧な説明を憲法史的に吟味し、二つの原理間の調整として位置づけるべき国有境内地処分法の成立過程を確認してみたいと思う[5]。

本稿は、同時に、なお一部に燻っているかに見える違憲論又は懐疑論[6]に対する回答になるであろうが、ここで扱う国有境内地処分法は、いわゆる社寺農地解放・社寺保管林処分の問題と密接に関連する立法であったから、その合憲性の問題は、実は、「正当な補償」の解釈問題で広く知られる自作農創設特別措置法（昭和二二年一月二一日法律四三号）などにも波及する広がりをもっている。本稿は、従来の憲法解釈論ではほとんど等閑にされてきたこうした問題点を自ずから明らかにするであろう。

なお、予め断っておくと、ここで問題とする社寺境内地とは、「神社、寺院の建造物の敷地その他、祭祀法要を執行し、社殿堂宇の風致尊厳を維持する等のために使用される土地等」をいい、広義には社寺領を含めて用いられる[7]。

（1）　議論の詳細については、大石眞「寺院に対する国有地の譲与」宗教判例百選〈第二版〉（一九九一年）六〇―六一頁、百地章「宗教団体に対する国有地の譲与」憲法判例百選Ⅱ〈第三版〉（一九九四年）四三二―四三三頁等参照。

（2）　この叙述を含む「財政」部分は、故小嶋和司教授の起案にかかるものである。

（3）　宮澤俊義『日本国憲法』（日本評論社、一九五五年）七四〇頁。参照、同『全訂　日本国憲法』（芦部信喜補訂・同上、一九七八年）七四二頁。

（4）　大石眞『憲法と宗教制度』（有斐閣、一九九六年）二四〇頁。

（5）　長い歴史をもつ社寺境内地処分問題については、何より大蔵省管財局編『社寺境内地処分誌』（大蔵財務協会、一九五四年）を挙げなくてはならない。研究書としては、井上恵行『改訂　宗教法人法の基礎的研究』（第一書房、一九七二年）一六〇頁以下、梅田義彦『改訂増補　日本宗教制度史〈近代篇〉』（東宣出版、一九七一年）二七一頁以下、神社新報社編『神道指令と戦後の神道』（神社新報社、一九七一年）九二頁以下、戸上宗賢「社寺領国有地処分の意義と影響」井門富二夫編『占領と日本宗教』（未来社、一九九三年）二三九頁以下などがあり、ウィリアム・P・ウッダード『GHQの宗教政策——天皇と神道』（阿部美哉訳・サイマル出版会、一九八八年）一三七頁以下も参照されるべきである。

（6）参照、上田勝美「神体山として宗教活動に必要な富士山頂」前掲・宗教判例百選六二—六三頁等。なお、樋口陽一『憲法Ⅰ』（青林書院、一九九八年）は、政教分離の「前提」をつくり出す経過的措置としてのみ許されると説くが（三四八頁）、その「前提」の意味がよく分からない。

（7）前記『社寺境内地処分誌』九七頁。

2　第一次境内地処分法への歩み

一　前史的考察——沿革的問題

いわゆる国有境内地処分法は、通例、明治憲法下に宗教団体法とともに成立した一九三九年（昭一四）の第一次処分法と、日本国憲法の成立に伴い憲法附属法とともに制定された一九四七年（昭二二）の第二次処分法とに区別されるが、第一次処分法に至る問題の発端については、半ば公的記録である前記『社寺境内地処分誌』に詳しいので（一三五頁以下）、本稿では、同書の概要を紹介しつつ叙述を進めることにしよう。

まず、明治初年の社寺領国有化の過程について略述すれば、社寺境内地は、明治維新後の各種の令達によって漸次その範囲を局限され、遂に従来の境内地でその祭典法要に必要なもの以外の土地はすべて上地を命じられ、祭典法要に必要な土地であっても民有の確証がない限り官地に編入されることになった。他方、しかし、上地した土地でも寄附等旧来社寺所有の確証があるものについては、下戻申請によって当該社寺に下戻すべき旨が定められるなど、必ずしも一貫した政策が取られたわけではなかった。

すなわち、諸侯による版籍奉還後、現境内を除く社寺領を国有化する上知令が発せられ（明四）、次いで地租改正（明六）にともない、地租改正事務局により「社寺境内の儀は祭典法要に必需の場所を区別し更に新境内と定、其余悉く上知の積、取調べき事」とされ、「総て民有地の証なきもの及民有地ヲ政府へ買上げし神社敷地は官有地第一種、寺院敷地は同第四種へ編入すべし」と定められた（明八）。しかし、こうした社寺上地又は地租改正事業によって官有に編入された土地森林原野には、上地等の処分当時、寺社その他の私人が所有権又は分収権をもっていたにもかかわらず、官有としたものが少なくなかった。そのため、正当な事由や確実な証拠等があるものについては、当該社寺の申請に基づいて地方長官が還付する――下げ戻す――という方法が取られたりした（明八〜明三二）。

しかし、こうした状況が続くことは、信教の自由を保障する明治憲法第二十八条との関係からいっても、決して望ましいことではない。そこでまず、一八九九年の国有林野法（明治三二年三月二三日法律八五号）により、「社寺上地ニシテ其ノ境内ニ必要ナル風致林野ハ区域ヲ画シテ社寺現境内ニ編入スルコトヲ得」（三条二項）、また「社寺上地ノ森林ヲ其ノ社寺ニ売払フトキ」は「国有林野ハ……随意契約ヲ以テ」なしうることとし（八条三号）、さらに「社寺上地ノ森林ハ其ノ社寺ニ保管セシムルコトヲ

得　社寺ハ勅令ノ定ムル所ニ依リ社寺林地ヲ使用シ又ハ主副産物ヲ採取スルコトヲ得」と定めることによって、いわゆる社寺保管林制度を恒久化した。ここにいう勅令が、約四カ月後の社寺保管林規則(明治三三年八月三日勅令三六一号)であって、保管期間を五十年とし(三条。但し更新可能)、火災の予防及び消防などの一定の義務を負う反面(五条・九条)、主産物の価格三分の二相当分を採取できる権利などが与えられた(六条・七条)。

これと同時に、全七カ条からなる国有土地森林原野下戻法(明治三三年一七日法律九九号)が定められた。これにより、土地森林原野の還付申請については一定の期限を設けることとしたが、同法は、後述するように多くの訴訟事件を生み、行政裁判所の画期的な判断を引き出すことになっただけでなく、本稿の主題である国有境内地処分法の原型ともいうべき内容をそなえている。そこで、便宜上ここにその全容を掲げておこう。

第一条　地租改正又ハ社寺上地処分ニ依リ官有ニ編入セラレ現ニ国有ニ属スル土地森林原野若ハ立木竹ハ其ノ処分ノ当時之ニ付キ所有又ハ分収ノ事実アリタル者ハ此ノ法律ニ依リ明治三十三年六月三十日迄ニ主務大臣ニ下戻ノ申請ヲ為スコトヲ得

前項ノ期限ヲ経過シタルモノ又ハ裁判所ノ判決ヲ受ケタルモノハ下戻ノ申請ヲ為スコトヲ得ス

府県設置以後上地処分ヲ受ケタル土地及地租改正処分既済地方ニ於ケル未定地脱落地ニ付テハ此ノ法律ノ規定ヲ準用ス

第二条　下戻ノ申請ヲ為ス者ハ第一条ノ事実ヲ証スル為少クトモ左ノ書面ノ一ヲ添付スルコト

ヲ要ス

一　公簿若ハ公書ニ依リ所有又ハ分収ノ事実ヲ証スルモノ

二　高受又ハ正租ヲ納メタル証アルモノ

三　払下下付売買譲与質入書入寄附等ニ依ル所有又ハ分収ノ事実ヲ証スヘキモノ

四　木竹又ハ其ノ売却代金ヲ分収シタル証アルモノ

五　私費ヲ以テ木竹ヲ植付ケタル証アルモノ

六　私費ヲ以テ田畑宅地ニ開墾シタル証アルモノ

第三条　前条ノ証拠書類ニシテ所有又ハ分収ノ事実ヲ証スルニ足ルト認メルトキハ主務大臣ハ其ノ下戻ヲ為スヘシ

第四条　下戻ヲ受ケタル者ハ其ノ下戻ニ因リテ所有又ハ分収ノ権利ヲ取得ス

前項ニ依リ所有又ハ分収ノ権利ヲ取得シタル者ハ其ノ土地森林原野若ハ立木竹ニ関シ第三者ニ対スル国ノ権利義務ヲ承継ス

第五条　第二条ニ依リ下戻ヲ受ケタルモノト雖公用又ハ社寺境内ニ供セラルルモノハ公用又ハ社寺境内ヲ廃シタル後ニアラサレハ権利ヲ行使スルコトヲ得ス

第六条　下戻申請ニ対シ不許可ノ処分ヲ受ケタル者其ノ処分ニ不服アルトキハ行政裁判所ニ出訴スルコトヲ得

第七条　此ノ法律施行以前ニ差出シタル下戻ニ関スル申請書又ハ願書ハ此ノ法律ニ依リタルモノト看做ス

衆知のように、明治憲法下の行政裁判制度は、前年の「行政官庁ノ違法処分ニ関スル行政裁判ノ件」（明治三一年法律一〇六号）により、行政裁判事項につき限定列記主義に立つものとされたが、右に示した通り、国有土地森林原野下戻処分は、特別法による行政裁判所の審判対象とされたわけである。むろん、これによって問題が解決したわけではない。というのも、明治政府は、前記の社寺境内外上地林について下戻に応じたものの、その他の境内地に関しては、本来公領地であり、朱印状・黒印状の下付は単なる領知権の付与にすぎないとの立場をとり、主務大臣たる農商務大臣は下戻申請をすべて却下したからである。そこで行政裁判所には、後述のように全国から農商務大臣を被告とする夥しい数の国有林下戻関連事件が係属することになった(1)。

なお、この国有土地森林原野下戻法が成立した後の明治三十二年十二月九日には、山県内閣によって、いわゆる第一次宗教法案が第十四回帝国議会に提出されたが、ここには寺院等の境内地処分に関する法案構想は見られない。

二　社寺境内地返還運動

右に述べた国有林下戻関連事件の多くは、不当処分取消・山林下戻請求訴訟という形で争われている。筆者が『行政裁判所判決録』に収載された事件を調べた限りでは、一九〇六年（明三九）から一九一〇年（明四三）までの五年間に行政裁判所で審理判決されたものは総計千七百十八件で、このうち半数以上の九百二十六件が国有林下戻関連事件であった。したがって、毎月平均十五件ずつ下戻請求事件が処理された計算になる。

そして当初、政府見解に立って原告請求をすべて「相立たず」と棄却していた行政裁判所は、一九〇八年（明四一）十月二十九日、弁護士鳩山和夫を訴訟代理人とする一乗寺山林下戻請求事件（明治三七年一〇五一号事件）において、ついに農商務省の指令を取り消し、係争対象たる山林・立木を原告に下戻すべしとの判断を示すに至った。[2]これは、「本件係争山林は、古来原告寺の所有境内地にして永禄年中赤松義祐より租税免除の特典を受けし以来、徳川時代に至り朱印地として諸役免除となり、歴代住職の自由進退を為し来りし土地なるを以て原告に下戻さるべきものなり」との主張を認めたもので、要するに、「免税地にして私有に属するものは之を下戻すべきものとす」と判断したのである。

以後、原告の請求の一部又は全部を認容する行政裁判所判決が相次いで出されるようになったが、代表的なものを挙げるだけでも、以下のような裁判例がある。

① 明治四十一年十二月十九日第三部宣告（明治三七年九四五号事件、行録一九輯一四六九頁）奈良の長谷寺による国有林立木下戻請求に対し、「寺院が開帳料、灯明料及び初穂料等を以て植付けたる立木は私費植栽に係るものなれば之を下戻すべきものとす」との判断を示して、請求を認めたもの。

② 明治四十一年十二月二十二日第三部宣告(明治三七年一〇〇九号事件、行録一九輯一四八三頁)延暦寺の上地山林下戻請求に対し、「往昔土地台帳若くは不動産登記に関する制度なき時代に在ては事実上土地の占有及び支配は所有権の実質を形成したるもの」として、「係争地にして起訴者に属する以上は自己の収入を以て之に植栽したる立木亦其所有と認むべきものとす」と判断し、請求を認めたもの。

③　明治四十二年十二月二十七日第三部宣告（明治三七年五六〇号事件、行録二〇輯一七一八頁）
滋賀の石山寺による国有林下戻請求に対し、「秀吉の朱印状の写によれば……公領にあらざること明か」なりとし、「私人の寄附したる寺院境内は其寺院の所有に属するものとす」と判断して、立木ともに請求を認めたもの。

④　明治四十三年一月二十四日第一部宣告（明治三七年七〇四号事件、行録二一輯一五頁）
茨城県真壁郡の神社神職による上地官林下戻請求に対し、「朱印地にして貢租を免除せられたるものは之を私有と認むるを相当とす」と判断して、請求を認めたもの。

⑤　明治四十三年二月二十八日第一部宣告（明治三七年一〇七二号事件、行録二一輯一五七頁）
栃木県西明寺による上地国有林下戻請求に対し、異例の詳しさをもって理由を述べ、「社寺が朱印状を以て境内に対する租税を免除せられたるときは該土地は反対の証拠なき限り其社寺有と認むるを相当とす」「係争地にして起訴者に属する以上は地上の立木も亦全部其所有と認むべきものとす」などとして、請求を認めたもの。

こうした行政裁判所の度重なる下戻請求認容判決の背景には、国有土地森林原野下戻法の適用という「実際問題」の解決のために著された中田薫「御朱印寺社領の性質」と題する論考[3]の影響があることは、宗教制度史上よく知られているが、行政裁判所の判例変更は、社寺境内地処分問題に関する一大転機をもたらすことになった。というのも、「出訴判決の前後により不公平を生じたのみならず、前記下戻法により申請期限までに申請をしなかったものは、永久に下戻の機会を失う[4]」という事態になり、これに対処するため寺院側は、寺院境内地還付請願をおこない（第二七回帝国議会、明治四四年三月)、これを契機に衆議院の請願委員会において社寺境内地還付法案が作成され、本会議でも可決されるまでに至ったからである[5](第二八回帝国議会、同四五年三月二五日)。

この社寺境内地還付法案は、以後の帝国議会に、第二十九回(大二)、第三十一回(同三)、第三十七回(同五)、第四十五回(同一一)、第四十六回(同一二)、第五十回(同一四)、第五十一回(同一五)というように、しばしば提出されたが、衆議院通過後に貴族院で審議未了となったり、衆議院で会期終了のため未決となったりして、結局のところ、成立をみなかった。ただ、その間、国有財産法(大正一〇年四月八日法律四三号)は次のような規定を設け、一定の調整を試みている。

第二十四条　従前ヨリ引続キ寺院又ハ仏堂ノ用ニ供スル雑種財産ハ勅令ノ定ムル所ニ依リ其ノ用ニ供スル間無償ニテ之ヲ当該寺院又ハ仏堂ニ貸付シタルモノト看做ス
寺院又ハ仏堂ノ上地ニ係ル雑種財産ハ其ノ用ニ供スル為必要アルトキハ勅令ノ定ムル所ニ依リ無償ニテ第十五条［国有財産の貸付期限］ノ規定ニ拘ラス之ヲ当該寺院又ハ仏堂ニ貸付スルコトヲ得

これによって寺院境内地については永久無償貸付けを行なったものとし、下戻しと同じ効果を与えようとしたわけである。その内容は「実質上所有権と同一視すべき法定借地権[6]」とも表現されたが、なお、神社境内地は国有財産法上「公用財産」とされ(二条二号)、無償貸付けの対象とされている。

三　第一次境内地処分法の前後

右に述べたような事情を反映する形で、一九二七年(昭二)一月十七日、文部省で作成した原案を宗教制度調査会に諮り、ほぼその全会一致をもって成立した全百三十カ条の包括的な第二次宗教法案が、若槻内閣により第五十二回帝国議会(貴族院)に提出された。これは、寺院・仏堂の財産管理制度を整備することを期したものであるが、その附則第百二十五条及び第百二十六条——これと同一の規定はすでに文部省原案にあった(一一九条・一二〇条)——において、寺院等の国有境内地譲与問題に関する具体的な方策を含むものであった。(7)これは、結果的には貴族院において審議未了となってしまったが、これまで廃案になったものを承け、後の法案構想にも繋がるものとして注目される。その内容は、後案と対比する形で後に掲げることにしよう。

次いで、一九二九年(昭四)二月十二日、全九十九カ条の宗教団体法案——いわゆる第一次宗教団体法案——が、田中内閣によって第五十六回帝国議会(貴族院)に提出されたが、この時、その姉妹法案として全五カ条の「寺院等ノ国有境内地処分ニ関スル法律案」も併せて提出された。これは単行法案として形を整えたもので、これまでの案と異なって譲与処分に対する不服申立て(訴願)を認める規定(二条)を含むものであった。その提案理由について、三土忠造大蔵大臣は次のように説明したが、結局これも宗教団体法案とともに廃案となっている。(8)

御承知の通り寺院仏堂の国有境内地譲与の問題は多年の懸案でありまして、政府は寺院仏堂の財産管理の方法が完備するに於きましては、適当に之を解決すべき旨を屢々声明して参ったのであります。今回提案の宗教団体法案の成立の暁に於きましては、寺院仏堂の財産管理の方法も完備することになりまするから、宗教団体を保護して其教化作用を十分に遂げしむる為に、古来寺院等と特殊の沿革的関係を有する国有境内地を適当なる条件の下に譲与いたしますることは、極めて時宜に適する措置であると信ずるのであります。

このように国有境内地処分問題の法的解決の前提条件とされた宗教団体法案は、一九三五年（昭一〇）にも作成された――これが全八十五カ条から成る第二次宗教団体法案である――が、帝国議会に提出されるには至らず、それとセットをなす前記のような国有境内地処分法案も用意されなかったようである。

しかし、四年後の一九三九年（昭一四）一月十八日、平沼内閣によって、寺院等の財産を財産台帳に登録し、財産処分を地方長官の認可に係らしめるなど、財産管理制度を完備しようとした全三十七カ条の宗教団体法案が、姉妹法案たる「寺院等ニ無償ニテ貸付シアル国有財産ノ処分ニ関スル法律案」（全五カ条）とともに、第七十四回帝国議会に提出された。後者は、先の国有境内地処分法案に対して売払代金の支払条件などに多少の修正を加えたものであるが（四条・五条）、いずれの法案も先議した貴族院による一部修正のうえ成立し、それぞれ昭和十四年四月八日法律第七十七号、同日法律第七十八号として公布された。

この第一次境内地処分法に関して政府委員が両議院で説明した提案理由は、十年前に三土蔵相が述べたものと同一であった。前述のように「公用財産」とされた神社は、むろん同法の対象ではなかったが、ここで同法を前述の一九二七年（昭二）の宗教法案附則及び一九二九年（昭四）の境内地処分案とともに、比較対照する形で示しておこう。

〔第二次宗教法案附則〕

第百二十五条　本法施行ノ際現ニ寺院又ハ仏堂ニ無償ニテ貸付シアル国有財産ハ寺院ニ在テハ本法施行後二年以内ニ、仏堂ニ在テハ第百二十三条ノ規定ニ依リテ其ノ仏堂ガ一定ノ寺院ニ属シ又ハ寺院若ハ法人タル教会ト為リタル場合ニ於テ本法施行後三年内ニ申請シタルトキハ寺院境内地処分審査会ノ議ヲ経テ大蔵大臣之ヲ当該寺院又ハ教会ニ譲与ス

前項ノ規定ニ依リテ譲与ヲ為スベキ国有財産ノ範囲ハ命令ヲ以テ之ヲ定ム

寺院境内地処分審査会ノ組織及権限ニ関スル事項ハ本法ニ規定スルモノヲ除クノ外勅令ヲ以テ之ヲ定ム

〔昭和四年境内地処分法案〕

第一条　本法施行ノ際現ニ寺院又ハ仏堂ニ無償ニテ貸付シアル国有財産ハ寺院ニ在テハ本法施行後二年以内ニ、仏堂ニ在テハ宗教団体法第九十六条ノ規定ニ依リテ其ノ仏堂ガ一定ノ寺院ニ属シ又ハ寺院若ハ法人タル教会ト為リタル場合ニ於テ本法施行後三年内ニ申請シタルトキハ寺院境内地処分審査会ノ議ヲ経テ主務大臣之ヲ当該寺院又ハ教会ニ譲与ス

〈第二項同上〉

寺院境内地処分審査会ノ組織及権限ニ関スル事項ハ本法ニ規定スルモノノ外勅令ヲ以テ之ヲ定ム

〔第一次境内地処分法正文〕

第一条　本法施行ノ際現ニ国有財産法ニ依リ寺院又ハ仏堂ニ無償ニテ貸付シアル国有財産ハ寺院ニ在テハ本法施行後二年以内ニ、仏堂ニ在テハ宗教団体法第三十五条ノ規定ニ依リ其ノ仏堂ガ寺院ニ属シ又ハ寺院若ハ法人タル教会ト為リタル場合ニ本法施行後三年内ニ申請シタルトキハ寺院境内地処分審査会ニ諮問シ主務大臣之ヲ当該寺院又ハ教会ニ譲与ス

前項ノ規定ニ依リ譲与スベキ国有財産ノ範囲ハ勅令ヲ以テ之ヲ定ム

寺院境内地処分審査会ニ関スル規程ハ勅令ヲ以テ之ヲ定ム

第一項ノ規定ニ依リテ所有権ヲ取得シタル者ハ其ノ物件ニ関シ第三者ノ現ニ有スル権利ヲ害スルコトヲ得ス

第百二十六条　本法施行ノ際現ニ寺院又ハ仏堂ニ無償ニテ貸付シアル国有財産ニシテ第一条ノ規定ニ依リテ譲与ヲ為ササルモノハ命令ヲ以テ特ニ国有トシテ存置スルノ必要アルモノヲ除クノ外前条ノ申請ヲ為シタルモノニ付テハ譲与ヲ為ササルコトノ決定通知ヲ発シタル日ヨリ五年内ニ、其ノ他ノモノニ

第二条　前条ノ譲与処分ニ対シテ不服アル者ハ訴願ヲ為スコトヲ得

前項ノ訴願ノ裁決ヲ為ス場合ニ於テハ寺院境内地処分審査会ニ諮問スベシ

第三条　本法施行ノ際現ニ寺院又ハ仏堂ニ無償ニテ貸付シアル国有財産ニシテ第一条ノ規定ニ依リテ譲与ヲ為サザルモノハ命令ヲ以テ特ニ国有トシテ存置スルノ必要アルモノヲ除クノ外第一条ノ申請ヲ為シタルモノニ付テハ譲与ヲ為サザルコトノ決定通知ヲ発シタル日ヨリ五年内ニ、其ノ他ノモノニ付テ

第二条　前条ノ譲与ニ関スル処分ニ対シ不服アル者ハ訴願ヲ為スコトヲ得

〈第二項同上〉

第三条　第一条ニ規定スル国有財産ニシテ同条ノ規定ニ依ル譲与ヲ為サザルモノハ勅令ヲ以テ特ニ国有トシテ存置スルノ必要アリト定ムルモノヲ除クノ外第一条ノ申請ヲ為シタルモノニ付テハ譲与ヲ為サザルコトノ決定通知ヲ為シタル日ヨリ五年内ニ、其ノ他ノモノニ付テハ寺院ニ在テハ本法施行後五年

付テハ寺院ニ在テハ本法施行後五年内ニ、仏堂ニ在テハ第百二十三条ノ規定ニ依リテ其ノ仏堂ガ一定ノ寺院ニ属シ又ハ寺院若ハ法人タル教会ト為リタル場合ニ於テ本法施行後六年内ニ申請シタルトキハ時価ノ半額ヲ以テ随意契約ニ依リ之ヲ当該寺院又ハ教会ニ売払フコトヲ得

前条ノ規定ニ依ル売払代金ニ付テハ無担保ニテ五年内ノ年賦延納ヲ認ムルコトヲ得但シ国債ヲ以テ担保ヲ供シタルトキハ十年ノ年賦延納ヲ認ムルコトヲ妨ケス

ハ寺院ニ在テハ本法施行後五年内ニ、仏堂ニ在テハ宗教団体法第九十六条ノ規定ニ依リテ其ノ仏堂ガ一定ノ寺院ニ属シ又ハ寺院若ハ法人タル教会ト為リタル場合ニ於テ本法施行後六年内ニ申請シタルトキハ時価ノ半額ヲ以テ随意契約ニ依リ之ヲ当該寺院又ハ教会ニ売払フコトヲ得

前条ノ規定ニ依リテ訴願ヲ提起シタル者ハ前項ノ期間満了後ト雖其ノ裁決書又ハ却下書ヲ発シタル日ヨリ尚二年間売払ノ申請ヲ為スコトヲ得

第四条　前条ノ規定ニ依ル売払代金ニ付テハ無担保ニテ五年内ノ年賦延納ヲ認ムルコトヲ得但シ国債ヲ以テ担保ヲ供シタルトキハ十年内ノ年賦延納ヲ認ムルコトヲ妨ゲズ

内ニ、仏堂ニ在テハ宗教団体法第三十五条ノ規定ニ依リ其ノ仏堂ガ寺院ニ属シ又ハ寺院若ハ法人タル教会ト為リタル場合ニ本法施行後六年内ニ申請シタルトキハ時価ノ半額ヲ以テ随意契約ニ依リ之ヲ当該寺院又ハ教会ニ売払フコトヲ得

前条ノ規定ニ依リ訴願ヲ為シタル者ハ前項ノ期間満了後ト雖其ノ裁決書ヲ受領シタル日ヨリ尚二年間前ノ売払ノ申請ヲ為スコトヲ得

第四条　前条ノ規定ニ依ル売払代金ニ付テハ命令ノ定ムル所ニ依リ十年内ノ年賦延納ヲ認ムルコトヲ得

第一項ノ規定ニ依リテ売払ノ申請ヲ為シタル国有財産ニ付テハ売払契約成立ノ日又ハ売払ヲ為ササルコトノ決定通知ヲ為シタル日迄大蔵大臣ノ定ムル所ニ依リ無償ニテ当該寺院又ハ教会ニ貸付シタルモノト看做ス
前項ノ規定ハ前条ノ規定ニ依リテ譲与ヲ為ササルコトニ決定シタル国有財産ニシテ第一項ノ売払申請ヲ為ササルモノニ付テ之ヲ準用ス。但シ其ノ貸付期間ハ第一項ノ定ムル申請期間満了迄トス

第五条　第三条ノ規定ニ依リテ売払ノ申請ヲ為シタル国有財産ニ付テハ売払契約成立ノ日又ハ売払ヲ為サザルコトノ決定通知ヲ為シタル日迄命令ノ定ムル所ニ依リ無償ニテ当該寺院又ハ教会ニ貸付シタルモノト看做ス
前項ノ規定ハ第一条ノ規定ニ依リテ譲与ヲ為サザルコトニ決定シタル国有財産ニシテ第三条ノ売払申請ヲ為サザルモノニ付テ之ヲ準用ス。但シ其ノ貸付期間ハ第三条ニ定ムル申請期間満了ノ日迄トス

第五条　第一条ニ規定スル国有財産ニシテ同条ノ規定ニ依ル譲与ヲ為サザルコトニ決定シタルモノニハ国有財産第二十四条ノ規定ヲ適用セズ。但シ第三条ノ規定ニ依リ売払申請シタル国有財産ニ付テハ売払契約成立ノ日又ハ売払ヲ為サザルコトノ決定通知ヲ為シタル日迄命令ノ定ムル所ニ依リ無償ニテ当該寺院又ハ教会ニ貸付シタルモノト看做ス

さて、第一次境内地処分法は、宗教団体法とともに、翌年四月一日から施行された。そこで、処分されるべき境内地の対象、つまり「譲与スヘキ国有財産ノ範囲」（同法一条二項）をどう定めるかは実際上、大きな問題となる。これについては、同法施行令、つまり「寺院等ニ無償ニテ貸付シアル国有財

産ノ処分ニ関スル法律施行ニ関スル件」（昭和一四年一二月二八日勅令八九二号）によって——「特ニ国有トシテ存置スルノ必要アリ」（法三条一項）として譲与しえないもの（二条）とともに——以下のものが具体的に挙げられていた（一条）。

一　本堂、庫裡、会堂其ノ他寺院又ハ教会ニ必要ナル建物又ハ工作物ノ敷地ニ供スル土地
二　宗教上ノ儀式又ハ行事ヲ行フ為必要ナル土地
三　参道トシテ必要ナル土地
四　庭園トシテ必要ナル土地
五　寺院又ハ教会ノ風致ヲ維持スル為必要ナル土地
六　社寺等ノ災害ヲ防止スルタメ直接必要ナル土地
七　歴史又ハ古記等ニ依リ寺院又ハ教会ト密接ナル縁故アルモノト認メラルル土地
八　其ノ社寺等ニ於テ現ニ公共事業ノタメ使用スル土地
九　前各号ノ土地ニ於ケル立竹木其ノ他ノ定着物

（1）　衆議院請願委員会における政府委員の答弁によれば、下戻申請の総数は二万六百七十五件、農商務省による許可は千三百三十二件、行政訴訟が提起されたのは千九百二十四件である。衆議院『第二十七回帝国議会　請願委員第三分科会議録』第一回三—四頁参照。
（2）　行録一九輯一一三一頁（第三部宣告）。なお、同日には、これを含めて七件の同種事件に対する判決があり（同行録一一二三頁以下）、明治三十七年一二五一号事件に対する第三部宣告判決も、国有林野下戻請求の一部を認容している。むろん、原告の請求を「相立たず」とした第一部宣告判決もある（明治三七年一〇六五号事件及び同年一二八九号事件に対するものなど）。

（3）　国家学会雑誌二一巻一一号・一二号（明四一）。これは、後の「徳川時代における寺社境内の私法的性質」（国家学会雑誌三〇巻一〇号・一一号〈大五〉）とともに、中田薫『法制史論集　第二巻』（岩波書店、一九三八年）三九三頁以下所収。
（4）　前記『社寺境内地処分誌』一四五頁。
（5）　衆議院『第二十八回帝国議会　議事速記録』第二六号五一〇頁以下参照。
（6）　新田邦達『宗教行政法要論』（敬文堂書店、一九三三年）二一九頁。
（7）　第二次宗教法案は、龍谷大学法制研究会編『宗教法研究』（一九九三年）第一二輯三頁以下所収。
（8）　両案及び以後の諸案も、前記『宗教法研究』六七頁以下所収。

3　第二次境内地処分法の成立

一　未解決の問題と新たな課題

こうして第一次境内地処分法は成立したが、その計画は翌年から十カ年かけて完了するという息の長いものであった。というのも、一九四〇年（昭一五）四月一日現在で、無償貸付けを受けていた寺院仏堂は総計四万六千三百八件、その面積は坪数にして合計二千九百二十八万五千三十二坪という厖大なもので、しかもその大部分が譲与申請するだろうと予想されたからである。(1)

寺院境内地処分法の施行時に行われた実際の申請は、譲与にかかるもの三万三千四百二十六件、売払にかかるもの六千三百十件という状況で、審査に当たる寺院境内地処分審査会も、河田烈大蔵次官を会長とし、学識経験者や関係各省庁の官公吏等を含む形で発足したが、譲与されたもの九千六百三十八件、売り払われたもの三百七十件余りとなったところで、その作業は戦況の激化とともに中断されてしまった。(2) そして敗戦の結果、関係諸法令の改廃と日本国憲法の制定とによって、従来の境内地処分制度ではとうてい対処できない事態になり、新たな理念に基づく国有境内地処分の必要が生まれたのである。

すなわち、まず一九四五年（昭二〇）八月のポツダム宣言受諾の後、十月四日にはいわゆる自由の指令（政治的、公民的及び宗教的自由の制限の除去に関する覚書）、次いで十二月十五日には、「国家神道、神社神道に対する政府の保証、支援、保全、監督並に弘布の廃止に関する覚書」――いわゆる神道指令――が発せられた。これは、軍国主義のイデオロギー的支柱となった国家神道を厳しく指弾し、神道及び神社に対する「公の財源よりのあらゆる財政的援助並にあらゆる公的要素の導入」を禁止するものであった。にもかかわらず、ここで注意されるべきは、神社等が設置されていた「公地域又は公園」に対する公的援助を「継続することを妨げるものと解釈せらるべきではない」と断っていた点である。これが国有境内地問題などを念頭においたものであることは、改めて言うまでもなかろう。

翌年二月二日には、「ポツダム宣言の受諾に伴ひ発する命令に関する件」（昭和二〇年勅令五四二号）に基づいて、神社を特別の地位に置いていた「官国弊社経費ニ関スル法律」（明治三九年法律二四号）等の法令をすべて廃止し、国有財産法を一部改正して神社境内地を寺院・仏堂等と同列の「雑種財産」に改めるなどの措置がとられた（昭和二一年勅令七一号による）。神社境内地も譲与対象として登場することになったわけであるが、その十日後に確定案を得た総司令部の憲法草案は、信教の自由を尊重し、政教分離の原則に立つ教会・国家関係を定め、これが三月六日の改正草案要綱、四月十七日の憲法改正草案を経て、六月二十日に第九十回帝国議会に提出された憲法改正草案に至る（一八条・八五条）。

こうして、信教の自由と政教分離という二大原則に基づいた国有境内地処分が必要となる。むろん、この場合、右の神道指令も容認したように、聖堂・教会などを国公有財産としつつ宗教団体に無償用益権を認めるというフランス的な政教分離制度を知る者にとっては、国有境内地処分が唯一の方法ではないともいえよう。だが、それは、公的財産を宗教団体などに供用することを禁止した憲法草案の下では採用しがたい。また、これまでの経緯からいっても、国有境内地処分の道しか選択肢はありえない(3)。

そこで、新憲法草案が議会に提出されるのと前後して、大蔵・農林・文部の三大臣から共同で出された「神社、寺院等の国有境内地及び保管林に関する措置方針」が閣議決定され（六月一八日）、新たな国有境内地処分法――いわゆる第二次境内地処分法――に向けた動きが始まることになる。この経過についても、前記『社寺境内地処分誌』に詳しいが（一五四頁以下）、他の資料も考慮しつつ概要を示すと、以下のようになろう。

二　現行憲法成立前後の動き

社寺境内地処分問題については、衆議院で憲法草案の審議が始まるのと並行して、日本側と総司令部との間で交渉が行われた(4)。すなわち、まず文部省の福田繁宗務課長は、先の神道指令を起案した総司令部のW・バンスと会見し、閣議決定で示された右の境内地及び保管林の件に関して総司令部内での話し合いを要請するとともに（六月二二日）、この件に関する法律案を今度の国会に提出したい旨を伝えた（同二五日）。これを受けてバンスは、すでに見た第一次境内地処分法の改正案を至急作成するよう勧告し、福田課長は、直ちに大蔵省と協議のうえ改正法案を提出することを約束した（同二八日）。

この日から衆議院における憲法改正案の審議は、特別委員会に舞台を移し、各会派の修正案を主要な素材として小委員会を中心に行われた（六月二八日～八月二一日）。[5] ここでの議論は、憲法草案第十八条との関係で宗教的情操教育の必要性を中心にしたものが多かったが、社寺境内地処分問題も同条三項及び第八十五条との関連で取り上げられている。[6] 例えば、左藤義詮委員は、「現行法令に依つて寺院神社が享有して居る既得の権利に関して速かに其の所属を確定して信教自由の保全に万全を期さなければならぬ」との立場から以下のように主張し、国有境内地・社寺保管林問題を取り上げ、「宗教の死活問題」だとして、善処方を強く求めた（七月一六日）。

元来寺院の国有境内地なるものは、最初高僧碩徳が霊地を相して自ら開拓したるものか或は信仰に依り浄地を寄附したものであつて、それを明治の初めに政府が取り上げてしまつて国有地にした。色々な経緯の後、昭和十四年宗教団体法の制定と並行して之を解決し、境内地として必要な部分は申請に依つて無償譲与することになつたのでありますが、事実上は中々其の審査が捗りませぬで、現在に於ては申請したものの約三分の一だけが解決し、残りの三分の二は未解決の儘で此の憲法草案にぶつかつたのであります。

……此の際新たに宗教団体となつた神社の国有境内地に付きましても……寺院の場合と同様に、元来社有地であつたものが、明治維新の際に譲地《（マヽ）》せられたものに付ては、はつきりと解決して置かなければならぬと思ふのであります。

これに対し田中耕太郎文部大臣は、すでに大島多蔵委員によって行われた同旨の質疑に対する答弁(七月三日）を繰り返す形で次のように答弁したが、和田博雄農林大臣もこれに同意している。

憲法の草案の精神から見ましても神社の既得権は保護さるべきものであると云ふこと、寺院の境内地の既得権を保護しなければならないと云ふことに付きましては、重ねてここで明確にして置きたいと思ひます。……神社が宗教でなかつたのが、今度制度上も宗教になつたと云ふことに依つて、神社の既得権が害されると云ふ理由は毫もないと存じます。神社もやはり新たに法律が出来ます際に、同じやうに取り扱ふことになつて居るのであります。又社寺保管林等に付てもやはり同様であります。これらの措置は先程御話のやうな方向に只今整備中で今議会中に出し得るやうになると云ふ風に考えて居ります。

この質疑応答で注目されるのは、政教分離原則を前提としながら、信教の自由及び宗教間の平等という観点から議論されている点である。だが、それとともに、社寺境内地処分問題が第一次国有境内処分法の改正法案の検討という形で具体的に動き出していたことも判る。

この点で、七月上旬に設けられ、憲法改正案の審議と並行して各種の主要な法案要綱を作成した臨時法制調査会との関係についても述べておこう。というのも、同調査会の第一回総会（七月一一日）で配布された「憲法を施行するために制定又は改廃を必要とする法律案の件名概略」なる資料には、「一部改正を要するもの」として、国有財産法とともに「昭和十四年法律第七十八号（寺院等に無償にて貸付しある国有財産の処分に関する法律）」が挙げられており、その改正が要検討事項であったことを示しているからである。

にもかかわらず、「財政、地方自治関係その他他の部会の所管に属しないもの」を担当した同調査会第四部会が、その法案要綱の作成に直接関わることはなかった。この事実は、同部会の第二回小委員会（七月二二日）において、「この点については、関係当局におきまして、目下至急話合を進めて居ます。その話合が済んで対策が出来上つて了へば、この委員会の問題は残らないことになります。」と述べた石原周夫幹事（大蔵事務官）の発言[7]から知られ、臨時法制調査会が国有境内地処分法改正問題に直接関与しなかったことを示唆している。実際、この問題については、「関係当局」、すなわち大蔵省・文部省等と総司令部との間の折衝が決定的な意味をもつことになるが、法令の問題に関わる以上、法制局が何らかの形で関与するのは当然であろう（後述三参照）。

さて、憲法草案の審議が貴族院特別委員会に移っていた九月二十日、日本側は、「神社寺院により使用されている国有の土地、森林の処分について」という法的措置の要綱を総司令部に提出した。むろん、その承認を得るためであるが、これに対する回答が終戦連絡事務局を通じてもたらされたのは、憲法草案が貴族院で修正可決され、この回付案を衆議院で可決した後、枢密院による審査を経て日本国憲法が成立し（十月二十九日）、公布された後のことであった。

この間、十月二十一日には、自作農創設特別措置法（昭和二一年法律四三号）が制定公布されているが（施行は同年一二月二九日）、ここで、いわゆる寺社農地解放問題[8]が強制買収の範囲をめぐって取り上げられたことを指摘しておこう。すなわち、同法第三条五項が示した農業委員会の認定にかかる強制買収の対象には、「法人その他団体でその営む耕作の業務が適正でないものの所有する土地」「法人その他の団体の所有する土地」が列挙されていた（三号・四号）。これについて政府は、衆議院特別委員会における審議を通じて、神社・寺院等の境内地に耕地のある場合にも適用されることを明らかにしていたが[9]、問題がより明確な形で論じられたのは、貴族院特別委員会で井上勝英（子爵）議員が、「或る地方の課長さん」の「神社や寺院の所有地で、それが小作地として貸付けられて居る場合には、所在地の如何に拘らず、原則として政府が買上げることになる」との言明を取り上げ、神社・寺院の所有地の問題について質疑した時であった(一〇月一〇日)。すなわち、同議員は農村の実態を示しつつ、次のように述べる[10]。

神社、寺院の土地、自作地と言ふけれども、実際に於ては、神職だの住職だのと云ふ者だつて実際に自作して居る訳ではないので……謂はば実際に於ては其の人達が小作して居るとも言へるので、又之を翻つて考へて見れば、農村人の気持としては、結局自分の祖先を祀つて貰つて居る所に寄進する神饌山だとか、供養山だとか云ふ形で奉納したのだと。それを……耕して居る氏子の総代であるとか、或は檀徒の総代が取るやうなことになるのではないか。一体さう云ふことが農村人の気持にどう当嵌るかと云ふ問題は、私非常に問題であると思ふのであります。

これに対し和田農林大臣は、神饌山等については、勅令で必要な限度において例外として対象外とする旨答えている。にもかかわらず、実際には、自作農創設特別措置法の施行当初、「社寺有地について一町歩を残すか否かは農民自身の意思に任せるのがよい」として例外を認めていた農林次官通達(二十二年一月六日)も、やがて一律に厳しくなった。その結果、「社寺所有の農地は、自作地も小作地も、全部解放となり、すべて政府に買収されることになった。……社寺の手を離れた農地が、再び社寺の所有に帰るようなことは、まず、なくなった。」と言われる[11]。

三　第二次境内地処分法の制定

話を国有境内地処分法の問題に戻そう。総司令部は、日本国憲法公布後の十一月十三日、「宗教団体に供用中の国有地の処分について」なる民間情報教育局（CIE）の指令（SCAPIN-1334）により、先に日本側が提出していた法的措置要綱案に対して承認を与えた。そこには、しかし、国有地を処分するに当たって遵守すべき規準も示されており、後に取り消された部分(F)を除けば、それは以下のごとくであった。(12)

A　現在宗教団体によって利用されており、且つ、宗教行事のため必要な公有地に関する権利は、当該団体が日本政府の適当な機関に申請すれば無償で譲与される。但し、左の条件を附する。

1　宗教団体が一八六八年（明治元年）以前から土地を所有し且つ補償を受けずに上地した場合又は、

2　その土地が政府以外のものから得たもので、且つ公金を消費しなかった場合

B　宗教団体の宗教行事には必要ではないが、右のA項に該当する土地を無償で当該団体に譲与するかどうかは、日本政府によって定める標準に従って決定せられる。

C　宗教団体に保管させてある国有森林地の所有権は、国がこれを保管し、現在の保管林制度はこれを打切らなければならない。（下略）

D　宗教団体は、現在占有又は管理にかかる他の土地で、宗教行事に必要なものを、市価の半額でこれを買うことができる。但し、宗教団体の収入を主目的とするような土地を除く。（下

略）

E　宗教団体は、その占有又は管理にかかる土地が政府により取り上げられる場合には、当該土地に対して投じた有益費に対して適当な補償を受けることができる。但し、その土地の価値を高めた有益費に限る。

この一週間後、右に示された諸条件の意味を確認するため、福田宗務課長は、渡辺農林事務官とともに、総司令部民間情報教育局のバンス宗教課長を訪ねている(一一月一九日)。ここで、「日本政府によって定める標準」とは勅令案（後述参照）の各号を指すこと、国の収益として必要なものは譲与しえないことなどが明らかにされたが、さらに二日後の会見で、A項の二条件は判りやすく明文化した方がよいことなども伝えられ、法律案の承認に関する手続も確認されている。

この時、日本側は法制局と相談して研究することを告げたが、その成果と覚しきものとして、入江俊郎文書の中に「昭和十四年法律第七十八号（寺院等に無償にて貸付しある国有財産の処分に関する法律）の一部を改正する法律案要綱」（入江文書九二―7）がある。これを以下に掲げよう。

一、現に国有財産法によって、神社、寺院又は教会に無償で貸付けてある国有財産は、神社、寺院又は教会において、一定期限内に申請をしたときは、社寺境内地処分審査会に諮問してこれを当該神社、寺院又は教会に譲与することとする。
但し上地官没の際補償を受けたもの又はその土地を国又は地方公共団体の費用で買受けたものを除くこととする。

二、譲与する国有財産の範囲及び社寺境内地処分審査会に関する規程は、勅令で、これを定めることとする。

三、譲与に関する処分に対して、不服ある者は、訴願をすることができることとする。訴願を裁決する場合には社寺境内地処分審査会に諮問することとする。

四、第一項に規定する国有財産で同項の規定による譲与をしないものは宗教行動に必要なものに限り、一定期限内に申請のあったときは、時価の半額で随意契約によって、これを当該神社、寺院又は教会に売払ふことができることとする。

但し特に国有として存置する必要があるものは、これを除くこととする。

五、右による売払代金については十年以内の年賦延納を認めることとする。

なお、右の要綱案には日付の記載がない。しかし、国有境内地処分法改正案要綱について総司令部側との交渉が開始されるのは、翌年（昭二二）一月十四日であるから[13]、右の要綱案はこれより少し前に作成されたものであろう。

第一次境内地処分法の全面改正という形をとった全七カ条の法案は、こうして「社寺等に無償で貸し付けてある国有財産の処分に関する法律」案として作成され、総司令部の承認を得ることになる。その第一条にいう「寄附」「寄附金による購入」について、とくに「地方公共団体からの寄附（金）については、これに実質上負担を生ぜしめなかったものに限る」との条件が明記されたのは、右に述べた総司令部の意見及び要綱案第一項を承けたものであろう。

この本則七カ条及び附則七カ条の計十四カ条から成る第二次境内地処分法案は、三月上旬、吉田内閣によって、第九十二回帝国議会に提出され、同法施行令となる勅令案も、委員会段階で参考資料として配布された。同法案は、両議院ともに政府原案通り可決されているが、ここで信教の自由及び政教分離原則の観点から憲法草案・自作農創設特別措置法案の場合と同様な議論があったことは、言うまでもない。したがって、国有境内地処分法案を審議した各特別委員会[15]――衆議院は三月十四日・十五日・十七日、貴族院は同月二十二日・二十四日――における質疑応答の模様を改めて紹介する必要はあるまいが、その要点のみを記すと、まず北村徳太郎政府委員（大蔵政務次官）の趣旨説明によれば、同法は、すでにみた「沿革的な財産上の特殊関係を整理する必要」から、社寺境内地等を「一定の条件のもとに譲与、または時価半額売払い等」を行おうとするものである。

先に述べた第一次境内地処分法の実施概況（譲与等の申請とその処理件数）は、この時の政府答弁の中で示されたものであるが、同様に、社寺等に無償貸付になっている土地の面積は、神社八千九百二万四千四百六十九坪、寺院二千四百三十万九千百二十二坪の合計一億一千三百三十三万三千五百九十一坪に上ることも、明らかにされている。

また、無償譲与・半額売払の対象となる「その社寺等の宗教活動を行うのに必要なもの」（法一条・二条）が具体的にどういうものを指すかは、実際問題としてきわめて重要であり、その点の質疑が両議院であったことは言うまでもない。このために配布されていたのが、旧施行令を全面改正した右の勅令案、つまり「社寺等に無償で貸し付けてある国有財産の処分に関する法律施行令」案であって、ここには以下のものが列挙されていた（一条一項）。

一　本殿、拝殿、社務所、本堂、くり、会堂その他社寺等に必要な建物又は工作物の敷地に供する土地

二　宗教上の儀式又は行事を行うため必要な土地
三　参道として必要な土地
四　庭園として必要な土地
五　社寺等の尊厳を維持するため必要な土地
六　社寺等の災害を防止するため直接必要な土地
七　歴史又は古記等によって社寺等に特別の由緒ある土地
八　その社寺等において現に公共事業のため使用する土地
九　前各号の土地における立竹木その他の定着物

これが第二次境内地処分法施行令（昭和二二年五月一日勅令一九〇号）となるが、当然のことながら、先に見た第一次境内地処分法施行令とよく似た内容となっている。ただ、第一号で新たに「本殿、拝殿、社務所」を加えたのは、言うまでもなく神社境内地が「雑種財産」となったことを承けたものであり、他方、第七号で従来より絞り込んだ文言に改めたのは、「適当でないものまで譲与の範囲にはいってくるような事情」（加藤政府委員）を考慮したためである。

なお、衆議院の特別委員会では、「終戦後著しくたい廃した国民思想を建直すため、宗教の果すべき役割の重大なるに鑑み、文部、大蔵、農林三省の緊密なる連けいの下に、十分本法の趣旨貫徹に努められたきこと」と「本法実施によって、社寺等に譲与又は売払った財産については、本法の趣旨に反せざるよう、社寺等において責任を以て、その管理運用に最善を尽されたきこと」とを要望する附帯決議が、各派共同提案によって採択されている。

右の第二次境内地処分法は、昭和二十二年四月十二日法律第五十三号として公布され、日本国憲法施行日の前日、同年五月二日から施行されたが（勅令一八九号による）、境内地の処分が実際に動き始めたのは、社寺境内地処分審査会――これには中央審査会[16]と地方審査会とがある――が設けられ（同年九月五日政令一八八号による）、法律の運用方針が大蔵省国有財産局長名で各財務局長宛に発せられてから（同年一〇月一〇日）であった。そして実際の申請件数は、神社六万二千三百三件、寺院二万二千八十二件、教会八十八件で、その合計は八万四千四百四十三件に上っている。右の社寺境内地処分審査会の活動は、一九五二年（昭二七）末までの約五年間にわたって続けられたが[17]、ほとんど最後に回されたのが広く知られている富士山頂譲与問題であった[18]。

なお、地方公共団体の土地についても同様な措置がとられた。内務・文部次官通牒として、「社寺等宗教団体の使用に供している地方公共団体財産の処分に関すること」（昭和二二年四月二日）もあるが、紙幅の都合上、これについては省略したい。

（1）　前記『社寺境内地処分誌』二〇七頁。

（2）　この数字は、後の第二次境内地処分法案の審議の際に政府委員によって示されたものである。衆議院『第九十二回帝国議会　昭和十四年法律第七十八号を改正する法律案委員会議録』第二回六頁参照。

（3）　なお、一九四七年（昭二二）三月の時点で、国有財産台帳上、境内地として無償で貸付けされていたのは、神社七万六千八十二件、寺院三万四百四十九件、教会三十五件の総計十万六千五百六十六件で、坪数にすると、合計一億千九百三十二万四千百三十四坪に上っていたという（前記『社寺境内地処分誌』二一一頁）。

（4）　前記『社寺境内地処分誌』一八八頁以下に概要が記録されている。

（5）　従来、秘密とされていた小委員会における論議の詳細は、現在、衆議院事務局『第九十回帝国議会　衆議院帝国憲法改正案委員小委員会速記録』（衆栄会、一九九五年）により知ることができる。

(6) 参照、清水伸『逐条日本国憲法審議録〈第三巻〉』（有斐閣、一九六二年）六七三頁以下。

(7) 国立国会図書館憲政資料室所蔵・入江俊郎文書七三「臨時法制調査会第四部会小委員会議事摘要」による。

(8) これについては、井上・前掲書一四八頁以下、梅田・前掲書二七八―二七九頁、戸上・前掲論文二六一頁等参照。

(9) 衆議院『第九十回帝国議会　自作農創設特別措置法案外一件委員会議録』第一〇回二〇五頁、第一四回二七六頁、とくに第一七回三〇七頁参照。

(10) 貴族院『第九十回帝国議会　自作農創設特別措置法案特別委員会議事速記録』第四号五頁。

(11) 井上・前掲書一五一頁。

(12) 前記『社寺境内地処分誌』一六三頁以下、日本管理法令研究一六号（日本管理法令研究会、一九四九年）五〇頁以下参照。その原文は、現在、竹前栄治監修『GHQ指令総集成9』（エムティ出版、一九九三年）に収録されている。

(13) 入江文書一五八―12「今期議会提出予定法律案件名及びGHQとの交渉経過（概ネ二月十二日現在）」による。これによれば、提出先はESS（経済科学局）となっている。

(14) 附則（八条～一四条）は、国有財産法・国有林野法の一部改正のほかに経過規定を内容としている。

(15) 衆議院『第九十二回帝国議会　昭和十四年法律第七十八号を改正する法律案（寺院等に無償にて貸付してある国有財産の処分に関する件）委員会議録』及び貴族院『第九十二回帝国議会　昭和十四年法律第七十八号を改正する法律案特別委員会議事速記録』参照。

(16) これは、野田卯一大蔵事務次官を会長として大蔵本省に設置され、下村寿一・有光次郎・井手成三その他が委員となり、今泉兼寛・福田繁などが幹事を務めた。

(17) 処分実績については、戸上・前掲論文二五九頁参照。

(18)　参照、前記『社寺境内地処分誌』二五六頁以下。その問題については、衆知の通り、司法判断として最三判昭和四九年四月九日訴月二〇巻八号三九頁（判時七四〇号四二頁）がある。

4　結語に代えて

以上のように見てくると、本稿の冒頭に紹介した国有境内地処分法の合憲性に関する通説的なテーゼ、つまり「特殊的な利益」やその権利主張が「漠然と承認されていた」という説明は、明治憲法下の立法的努力及び行政裁判所の判例をほとんど無視ないし軽視したものといえよう。沿革的理由を強調するいわば弁明的合憲論に立つ学説も、その問題を適切に判断するのに必要な材料を提供することを怠ってきたように思われるが、違憲論にせよ合憲論にせよ、適切な判断資料を欠いた議論は根拠の薄弱なものにならざるをえまい。

また、憲法制定議会や国有境内地処分法の審議過程に見られる論議は、同法の合憲性の問題について考える場合、たんに政教分離原則の関係から又はたんに財産権的請求権という観点から取り上げられるべきものではなく、むしろ宗教的自由の保障との関係を考慮しつつ立論すべきことの必要を考えてくれるように思われる。本稿の冒頭で、国有境内地処分法を信教の自由と政教分離原則との合理的な調和を図った立法として積極的に評価すべきことを述べたのは、そうした認識に基づいている。

さて、聞くところによれば、国教制を採ってきたスウェーデンの国会は、西暦二千年に政教分離制に移行することを認めたという。そうだとすると、従来の宗教建造物や教会敷地などの取扱いは当然大きな問題となるであろうが、この場合に、フランス的な行き方で進むか日本的な処分法で臨むかは、きわめて興味ぶかいものがある。個人的にはそれを実見できる機会があればと願っているが、その遠い旅を夢見つつ、とりあえずここで擱筆することにしたい。

X　再び国有境内地処分法について
——占領体制下の改正問題を中心に——

1　本稿の目的

先に筆者は、「いわゆる国有境内地処分法の憲法史的考察——その合憲性の問題に寄せて」という論考を著し、一九四七年の「社寺等に無償で貸し付けてある国有財産の処分に関する法律」（昭和二二年四月一二日法律五三号）が成立するまでの過程を、その原型をなす明治期の国有土地森林原野下戻法（明治三二年四月一七日法律九九号）の前後にまで遡って検討した。そして同法については、沿革的理由を強調するいわば弁明的合憲論で臨むのではなく、宗教的自由と政教分離原則との合理的な調整を図ったものとして積極的に位置づけるべきことを説いた（法政研究六六巻二号〈九州大学法政学会、一九九九年〉二九一頁以下〔本書二〇一頁以下所収〕）。

これは、結論的には、いわゆる富士山頂譲与不許可処分取消請求事件における最高裁判所の考え方（後述の最三判昭和四九年四月九日判時七四〇号四二頁）と軌を一にするものであるが、右の論考ではさらに学説のあり方にもふれ、いずれの見解に立つにせよ、「問題を適切に判断するのに必要な材料を提供することを怠ってきた」ことを述べ、「違憲論にせよ合憲論にせよ、適切な判断資料を欠いた議論は根拠の薄弱なものにならざるをえまい」とも記した。

本稿は、これと同じ問題意識から、占領管理体制の下、国有境内地処分法制定後まもなく起こった同法の改正問題を学界未知の史料を紹介しつつ追跡することにより、第一条所定の無償譲与に重点をおいて議論するかに見える憲法学のアプローチに対して、むしろ第二条に定める半額売払の制度を問題視した当時の論議を浮き彫りにし、そこに大きなずれがあることを示そうとするもので、前稿の続編をなしている。この試みは、同時に、この問題に関する権威的な叙述である大蔵省管財局編『社寺境内地処分誌』（大蔵財務協会、一九五四年）も触れなかった舞台裏を明らかにし、同書への補遺を形づくることになるが、占領管理体制下の法令の制定改廃をめぐる内外の動向の一端をもうかがわせるであろう。

なお、ここに紹介される史料の中には、興味ぶかいことに、やはり当時成立したばかりの国家賠償法に関して提起された憲法問題を指摘する部分も含まれており、同法と憲法第十七条との関係にかかわる解釈論を考える上でも、いささか参考になろう。

2　「イギリス代表の異議」？

一　現行の国有境内地処分法の合憲性については、「この法律が制定されたときに問題になった[1]」と伝えられているが、占領体制下の当時の日本の論説の中に、そうした懸念を実際に表したものはほとんど見出すことはできない。ただ、同法制定後まもなく、むしろ総司令部側にそうした動きがあったようで、このことは、民政局国会政治課（Parliamentary and Political Division）の課長であったジャスティン・ウィリアムズ（Justin Williams, 1906–）の占領回顧録における次の一節からも、うかがうことができよう。[3]

さまざまな問題について、違ったレベルの書類が、国会政治課によって用意された。その一つは、一九四七年の二つの日本の法律（国による宗教財産の処分に関する第五十三号と憲法第十七条の権利（benefits）を外国人に適用しないとする第一二五号）は憲法に違反している、というイギリス代表の異議（British Mission's claim）に対する回答であった。この件について、総司令部は、自らの判断を問題とされた二つの法律を合憲だと考えている日本政府のそれに置き換えることを拒否した。

ここで「イギリス代表」とは、対日理事会（ACJ）又は極東委員会（FEC）におけるそれをいうのであろうが、問題の「二つの法律」とは、いうまでもなく、ここで主題とする国有境内地処分法及び国家賠償法（昭和二二年一月二七日法律一二五号）を指している。このうち後者について問題視されたのは、右の記述から、国家賠償法第六条、すなわち「この法律は、外国人が被害者である場合には、相互の保証があるときに限り、これを適用する」と定めた、いわゆる相互保証主義の規定であることは、明らかである。

これについては、確かに、後述のように当時総司令部側から異議があったらしい。のちの民政局による占領管理報告書『日本の政治的再編成』（一九四九年）には、「『何人も』という文言が広い意味で用いられるなら、相互主義がないことを理由として、外国人が賠償を拒否されてはならない[4]」との記述が見られ、また、その「司法及び法制」編を起草したアルフレッド・オプラー(Alfred Oppler, 1893-1982)も、自著の中で、相互保証主義が「憲法に違反する可能性があるとして、問題にされてきた」ことに言及している[5]。

その後、いわゆる文言説に対する性質説の優位とともに、その採否は基本的に立法政策の問題だとする合憲論が通説的になってはいるが[6]、現在でも、国家賠償法第六条の採用する相互保証主義は、憲法第十七条の「趣旨に適合しないきらいがある」とみた宮澤俊義の系譜に連なる違憲論又は懐疑論も見られないわけではない[7]。むろん、右の「イギリス代表の異議」が、こうした学説と同じ前提、つまり「前国家的・前憲法的な性格を有する」という人権観[8]に立ったものかどうかは、これだけでは判らない。

二　他方、国有境内地処分法に関する「イギリス代表」の違憲論は、どういう点を具体的に問題視したものであろうか。この点についてJ・ウィリアムズは何も語っていないが、国有境内地処分法は、国有財産法・国有林野法の一部改正などを定めた附則を含めて全十四カ条からなっているので、論点を絞らなくてはならない。そこで、差し当りここでは問題となりそうな規定に着目することにするが、その制定当時の関係条項を掲げると、次のごとくであった[9]。

第一条　社寺上地、地租改正、寄附……又は寄附金による購入……によって国有となった国有財産で、この法律施行の際現に神社、寺院又は教会（以下社寺等という。）に対し、国有財産法によって無償で貸し付けてあるもの、又は国有林野法によって保管させてあるもののうち、その社寺等の宗教活動を行うのに必要なものは、その社寺等において、この法律施行後一年内に申請したときは、社寺境内地処分審査会又は社寺保管林処分審査会に諮問して、主務大臣が、これをその社寺等に譲与することができる。

社寺境内地処分審査会及び社寺保管林処分審査会に関する規程は、勅令でこれを定める。

第二条　この法律施行の際、現に国有財産法によって社寺等に無償で貸し付けてある国有財産で、前条第一項の規定による譲渡をしないもののうち、その社寺等の宗教活動を行うのに必要なものは、同条同項の申請をしたものについては、譲与をしないことの決定をしたものについては、譲与をしないことの決定通知を受けた日から、六箇月内に、その他のものについては、この法律施行の日から、一年内に、申請をしたときは、社寺境内地処分審査会に諮問して、主務大臣は、時価の半額で、随意契約によって、これをその社寺等に売り払うことができる。

前条第一項に規定する行政処分について、訴願をした者は、前項の期間満了後も、その裁決書を受領した日から、なお三箇月内に、前項の売払の申請をすることができる。

第十条［三項のみ］

第一条第一項、第二条第一項又は第五条第一項の規定によって、譲与又は売払をすることに決定したものについては、国有財産法第二十四条の規定は、前条の規定にかかわらず、その譲与又は売払の日まで、なおその効力を有する。

このように、第一条は無償譲与、第二条は半額売払の制度を定めたものであるが(10)、これに関連して国有境内地処分法はさらに、これらによる譲与又は売払の前に耕地整理・土地区画整理による換地処分が行われた場合には、譲与対象となるべきであった土地については国が受ける清算金・補償金に相当する債権を、売払対象となるべきであった土地についてはその半額に相当する債権を、当該社寺等に譲渡する道などをも開いていた(四条)。最後の第十条三項は、譲与又は売払を決定した土地について寺院又は仏堂の用に供する雑種財産の無償貸付を定めた旧国有財産法第二十四条――第九条により「削除」とされていたもの――の効力を維持することを定めたものであるが、これらのうち、後の訴訟事件で実際に問題とされたのは、第一条と第十条三項の合憲性である。(11)

さて、前記のJ・ウィリアムズの記事は、国有境内地処分法と国家賠償法に対する疑義がいつ頃どういう形で生じ、日本側当局者がこれにどのように対応したのかについても、述べるところはない。そこで以下では、とくに前者の憲法問題に焦点を当てる形で、これらを解明することにしよう。

(1)　宮澤俊義『全訂　日本国憲法』(芦部信喜補訂・日本評論社、一九七八年)七四二頁。

(2)　同課は、政治課(Political Affairs Division)と立法課(Legilative Division)とを合体する形で一九四八年二月に発足したもので、PPDと略称される。

(3)　Justin Williams, *Japan's Political Revolution under MacArthur: A Participant Account*, 1979. p. 199. 参照、市雄貴=星健一訳『マッカーサーの政治変革』(朝日新聞社、一九八九年)二九三―二九四頁。

(4)　Report of Government Section-SCAP, *Political Reorientation of Japan*, vol. 1, 1949, p. 220.

(5)　A・オプラー『日本占領と法制改革』(納谷廣美=高地茂世訳・日本評論社、一九九〇年)一二九頁。

(6)　例えば、伊藤正己『憲法〈第三版〉』(弘文堂、一九九五年)四〇六頁、佐藤功『憲法〈上〉』(新版・有斐閣、一九八三年)二六五頁、佐藤幸治『憲法〈第三版〉』(青林書院、一九九五年)六一五頁、初宿正典『憲法2

基本権』（成文堂、一九九六年）五一八頁など。

（7）例えば、宮澤＝芦部・前掲書二三〇頁、芦部信喜『憲法学Ⅱ〈人権総論〉』（有斐閣、一九九四年）一五五頁など。

（8）芦部『憲法〈新版〉』（補訂版・岩波書店、一九九八年）八九頁。

（9）のちの国有境内地処分法第一次改正（昭和二八年八月一日法律一三〇号）により、第一条・第二条中の「社寺境内地処分審査会（又は社寺保管林処分審査会）に諮問して」という文言及び第一条・第一〇条等の各第二項は、それぞれ削られた。

（10）いずれも旧法（及びその原案）以来のスタイルを踏襲したものである。

（11）なお、冒頭に触れた富士山頂譲与不許可取消請求事件（最三判昭和四九年四月九日）では、国有境内地処分法施行令（昭和二二年五月一日勅令一九〇号）の第二条、すなわち、譲与又は売払の対象となるべき国有財産で、「国土保安その他公益上又は森林経営上国において特に必要があると認めるもの」については、国有として存置し、譲与又は売払をしないことを定めた規定が、逆の意味――信教の自由に対する侵害となるという点――で問題視されたが、これについては省略する。

3　境内地処分法改正問題の経緯

一　改正問題の発端

現在、国立国会図書館憲政資料室の所蔵する佐藤達夫関係文書には、「社寺境内地処分問題」と題された一綴りの史料が遺されている（架蔵番号一八一五）。これには、その問題に関する経緯を示した多くの関係史料のほか、ガリ版刷の大蔵省国有財産局編『社寺境内地処分中央審査会　参考書類』と題する一括文書も併綴されている。[1] ただ、細目化された番号は付されていないので、本稿では、それらを区別するために、便宜上、佐藤文書(a)、同(b)といった小分け番号を施した上で紹介することにしよう。

この佐藤達夫関係文書の中に「社寺境内地処分問題」に関する一連の史料が遺されているのは、一時期、従来の法制局に代わって法務庁（昭和二三年二月一五日～二四年六月一日）が設けられたことがあり、[2] 法制局長官であった佐藤は、当時、この法務庁法制長官の職にあって、この問題に直接関与していたからであろう。

そこには、まず、正しく先に紹介した元民政局国会政治課長J・ウィリアムズの占領回顧録に照応する形で、鉛筆で次のように書き込まれた内閣の高等試験用箋がある（佐藤文書(d)、佐藤自筆。これは、後述の同文書(c)英文より後のものであろう）。

藤崎氏トウィリアムスへ

Oct. 8　社寺ノ件　半額譲与ハ分ラヌト云フ、説明書提出ノコトトス

国家賠償法ノ件　憲法上ハ問題ナキモ六条ハ必要ナキ故、削除ニ努力ヲ約ス

この文書には、のちの説明書（佐藤文書(e)）の草案というべき鉛筆書きのメモ二枚もあるが、ここに「藤崎氏」とあるのは、終戦連絡事務局（昭和二〇年八月二六日～二二年二月一日。総理庁へ）に代わって、一九四七年六月一日に外務省に設けられた連絡調整事務局の藤崎万里（後の最高裁判所判事）事務官を指すと思われるが、右のメモ書きの意味はすでに明らかであろう。

すなわち、芦田内閣が総辞職した翌日の一九四八年（昭二三）十月八日、佐藤法制長官は、藤崎事務官とともに――前記の「イギリス代表の異議」が事実だとすれば、それに対応するために呼び出しを

うけて――民政局の国会政治課長J・ウィリアムズのもとに出向いたところ、国有境内地処分法の定める「半額譲与」、つまり同法第二条所定の半額売払の趣旨について疑義を伝えられると同時に、先に述べた国家賠償法所定の相互保証主義の妥当性について疑問を提示された。そこで、前者に対しては「説明書」を提出すること、後者に関しては削除案を具体的に検討することを約束して戻ってきた、というわけである。

このように対応のしかたが異なる点は注目されるが、先のJ・ウィリアムズの記事に対する疑問との関係でより重要なのは、国有境内地処分法のうち問題視されたのが、実は、沿革的理由の明確な第一条による無償譲与ではなく、その確証のない第二条の半額売払制度に関してであった、ということである。この点は、総司令部の民間情報教育局（CIE＝Civil Information and Education Section）の調査スタッフとして宗教政策に関わり、後に宗教法人法（昭和二六年四月三日法律一二六号）の立案に深く関わったウィリアム・ウッダード（William P. Woodard, 1896-1973）も伝えるところであり、同法の法的問題としては、とくに「半額で譲渡する条文の合憲性」について憲法第八十九条に違反するという主張がなされた、という。(3)

こうした事情は、日本側の対応のあり方に大きく影響を及ぼすことになるが、その後の憲法学では一般に両者をとくに区別しないか又は無償譲与のほうを問題視する傾向があるだけに、制定当初からの論点の移動を示すものとして、見逃すことができない。いわゆる富士山頂譲与不許可処分取消請求事件における名古屋地裁判決は、両者を区別して論じているが、この点については最後に述べよう。

二　境内地処分法説明書の提出

右のように、国有境内地処分法第二条所定の半額売払について「説明書」を提出することを約した日本側は、直ちに佐藤法制長官が中心となって作業を始め、三日後の十月十一日——ちょうどこの日、第三回国会（臨時）が召集されている——には、「昭和二十二年法律第五十三号（社寺等の国有境内地処分に関する法律について）」との見出しの下に、次の諸点を詳述した説明文が作成されている（佐藤文書(i)、大蔵省用箋一五枚、鉛筆書・自筆）。

一、社寺等の国有境内地を社寺等に無償譲与する事由
二、国有林野法によって社寺に保管させてあるものについて
三、社寺上地の意義
四、地租改正によって国有となったものについて
五、寄附又は寄附金によって購入した境内地の処分について
六、社寺等の境内地を社寺等に時価の半額で売払にする事由

この二日後、すなわち十月十三日には、右の説明草案に基づいて、提出を約束していた正式な「説明書」（佐藤文書(e)、謄写版二枚、鉛筆書入あり）が完成したようであり、日本側はこれをJ・ウィリアムズに手渡すことになる。その内容は以下のごとくであるが、その説明の力点が境内地処分法第二条の弁明にあることは、前記の事情からいって当然であろう（表題下の「佐」とは、「佐藤」長官の意である）。

昭和二十二年法律第五十三号の合憲法性について（一〇、一三　ウィリアムス氏へ　佐）

㈠　旧幕時代社寺の所有であった境内の土地は、明治四年の上地命令明治六年の地租改正条例及び同八年の地所処分仮規則によって国有にとり上げられた。その後においても社寺の信徒等から社寺の境内地にするために国に寄付（国有となった後も無償で貸して貰うことを見越して。）されたものが少くない。

従来これらの土地は、国有地としておいて、無償で社寺に使用させて来たが、これをそのまま存続させることは新憲法第二十条第一項及び第八十九条に違反する。従って新憲法実施に際し、かようなものは何とかして清算しなければならなかった。さればといって、これらの土地について社寺に与へられていた無償使用の権利をもとり上げてしまうことは、その土地が元来社寺のものであったと云う前記の沿革から云って、それは財産権の完全な没収であり、衡平の原則に反するのみならず、財産権保護についての憲法の精神にも反する。

㈡　従って法律第五十三号第一条は、昔、国にとり上げられたという確実な証拠のあるものは、審査会で審査の上元来の所有者である社寺に無償で返還することとした。

所が何分右の土地が国有に編入された時期は七、八十年前も昔のことであり、証拠書類がなくなったものも少くなく、元来社寺の所有であったことが立証できないものがある。然し、その故を以て従来の権利を全面的に否認することは酷に失するし財産権保障の憲法の趣旨にも反することになるから、法律第二条は、社寺有であったと云う確証はないが、それかと云って社寺有でなかったと云う確証もないものは時価の半額を徴して返還する（即ち半額で売払う）と云う折衷的の方法をとったのである。この措置もまた審査会が公正に審査するのであるから、問題自身の困難性を念頭に置いて考えれば、おそらく、法律的になし得る最も合理的な方法と云わざるを得ないと信ずる。

(三)　要するにこの問題は、相互に相矛盾するところの憲法の要請即ち財産権の保障と宗教に対する特権許与の禁止との間に板ばさみになった難しい問題であり、然も明治維新前の事実を証拠にしなければならない問題であるために種々の困難性を伴っているのである。

この法律の規定するところは、この難しい条件の下において右相矛盾する憲法の二つの要請を同時に充たし得る唯一の公平な方法であると云うべきである。第二条については、若干非科学的であるという批評は了解できるが、(併し、前記のような前提条件の困難性から云って科学的に処置することは不可能であろう)、この法律全体を通じて反憲法的であると云う批難は上述の理由によって十分ディフェンドし得ると信ずる。

尚、この法律は、第九十二回帝国議会(憲法を審議した議会と構成員は同一)の両院委員会及び本会議で全会一致可決された。

この文書に相当する英文説明書も、"On the Constitutionality of Law No. 53, 1947"と題して用意されているが(佐藤文書(f)、タイプ印刷四枚)、ここで最も注目されるのは、右の詳しい叙述は、後年の前記『国有境内地処分誌』(昭二九)に収められた「第二次境内地処分法と日本国憲法との関係」に対する「事務当局の見解」(同書一八一—一八二頁)とほぼ同一の文章であって、後者はこの時の説明文に多少加削を施したものにすぎない、という点である。ということは、この時の説明書の内容が正しく国有境内地処分法に関する当局者の憲法論をなすものであり、訴訟事件を契機に俄に拵えられたものではなかったことを示している。

この時、J・ウィリアムズと佐藤法制長官との間に具体的にどのようなやりとりがあったかはよく判らない。だが、幸いなことに、右の説明書（佐藤文書(e)）には鉛筆で記された次のような簡短な書入れがあり、ここから、その要点だけは窺うことができる。

午三時　大蔵省今泉総務課長ト打合ノ上、手交

ウィリアムズ　半額ノ分ヲ整理スベシト云フ、スキャピンノ範囲ニ於テ

ここに「今泉」総務課長とは、国有財産局の今泉兼寛課長を指すのであろうが、「半額ノ分」とは、いうまでもなく半額売払の制度を定めた国有境内地処分法第二条を意味している。そして「スキャピンノ範囲」とは、本件の国有境内地処分法制定の契機となった二年前の連合国軍最高司令官（SCAP）の指令（Instruction）、すなわち、「宗教団体に供用中の国有地の処分について」（一九四六年一一月一三日付）という第一三三四号覚書における規準の範囲内で処理すべきことを要求するものであるが、半額売払に関する当該項目は、次のごとくであった（D項）。

宗教団体は、現在占有又は管理にかかる他の土地で、宗教行事に必要なものを、市価の半額でこれを買うことができる。但し、宗教団体の収入を主目的とするような土地を除く。

宗教団体が、現に重要な宗教目的に供している土地を買得する場合は、金銭による支払に替えて、同等の価値がある土地を提供しこれと交換することができる。(4)

ここには、明らかに「市価の半額」で売り払うことが記されている。そこから、後述するように、国有境内地処分法の制定・運用にかかわってきた日本側当局者の反発又は当惑も生まれるわけである。

ともあれ、こうして佐藤達夫法制長官を軸に、前記のウィリアムズの指示にしたがった形で、国有境内地処分法第二条の「整理」を中心とした改正法案作りが本格化することになるが、ちょうどこの日、野田卯一大蔵次官を会長とする社寺境内地処分中央審査会の第三回会合が次官室で開かれ、実質上の境内地処分の審査を開始している。(5)

三　法務庁による改正案の作成

この頃、併せて、先に述べた通り国家賠償法に定める相互保証主義を削除すべく検討が進められていたことは、同じく佐藤長官の遺した文書によって知られる。すなわち、十月十四日付の「国家賠償法第六条の問題」（佐藤文書一四四〇）は、外国立法例も引いて同条の合憲性を述べているが、結論は次のごとくであった。(6)

以上のように、国家賠償法第六条の合憲性は充分説明できるが、法律問題を離れて、実際上の問題としては、格別この条文を存置しなければならない必要性に乏しいから、法務庁としては、次の通常国会に、この条文を削除する法律案を提出する心算である。

ここで「次の通常国会」というのは、開会中の第三回国会（臨時）が終了した直後に予定されていた第四回（通常）国会――それは十二月一日に召集されることになる――を指している。この論議は、実は、春の法務庁の設置直後から取り沙汰されていた問題に対して出された同庁としての回答であったが、ここに至る過程には、この頃の法令の動向をめぐる総司令部と学界との関係をうかがわせる興味ぶかい事実があるので、ここに付言しておこう。

すなわち、佐藤文書中の「昭二三、三、三」付で記録された「憲法十七条国家賠償に関する件」（同文書一三七二）は、次のように伝えている（文中の「藤山」とは記録者をいい、それはおそらく藤山愛一郎であろう）。

数日前より憲法十七条……の解釈に関して、リーガル・セクションは、最高裁判所、法務庁等の専門家を招いて意見を徴し、其後学界よりの代表者として高柳［賢三］教授の意見を聞くやう藤山に対して申込みがあったが、同教授病気のため、宮澤［俊義］教授に連絡したところ、同教授がリーガル・セクションに出頭し、会談を遂げた模様である。

昨二日再び同セクション、法律課長バッシン氏より、「憲法十七条に関してGSケーディス大佐の意見を訊ねた所、本条は元来の憲法案では無く、日本側で挿入したものであり、この点を一番良く知っているのは、佐藤法制長官であると云ふ話であった。長官に対して十七条を挿入した理由等を訊ねて欲しい。文書にして提出しても差支へ無い」との要求があった。

この記録に登場する「リーガル・セクション」とは、極東裁判の総括部局であった法務局——民政局の司法・法律課は、三カ月後、ここに移管されることになる——をいい、法律課長「バッシン」とは、ジュールス・バッシン（Jules Bassin 1914-）を指すのであろう。(7) この後段部分は、この文書がなぜ佐藤文書の中に見出されるかを示しているが、前段にある宮澤俊義の総司令部における意見がどのようなものであったかは、よく判らない。ただ、この問題に対する姿勢は、相互保証主義が憲法第十七条の「趣旨に適合しないきらいがある」とみた前記の見方とさほど異ならないのではあるまいか。

また、このように春に論議されていた課題がなぜ秋までずれ込んだのか、その事情も今のところよく解らない。だが、右の「国家賠償法第六条の問題」を英文に訳した史料もあり（佐藤文書一四四二）、これは十月二十五日付となっているところをみると、その頃に総司令部から同法第六条削除案について了解を取り付ける予定になっていたのであろう。もっとも、その改正問題も、後述の国有境内地処分法の改正問題と同じように、やがて立ち消えになってしまう。

さて、第二次吉田内閣の成立後の十月二十八日には、「法制第一局」による国有境内地処分法改正案が取りまとめられた。ここに、法制第一局（局長は林修三）とは、各種法令の審議立案にあずかる法務庁法制長官に所属する部局の一つとして、産業・経済・運輸・通信に関する事項等を司る第二局及び法務・文教・厚生・労働等に関する事項を司る第三局とともに置かれたもので、「主として外事、財政又は金融に関する事項その他法制第二局又は法制第三局の所掌に属しない事項に係る法律案及び政令案の審議に立案並びに条約案の審議に関する事務を掌る」（法務庁設置法七条一項）ものとされた。

そうした事務の一つとして、国有境内地処分法に関する問題があったわけであるが、その日出来上がった国有境内地処分法改正案は、以下のごとくであった。この史料（佐藤文書(a)）は、法務庁Ｂ４タイプ用箋に書かれ、最初に「法制第一局　一〇、二八」の記載がある（なお、《　》部分は削除されたことを示し、①②等は、改正条項を判りやすく示すために便宜上稿者が施したものである）。

昭和二十二年法律第五十三号の一部を次のように改正する。

①　第一条第一項の次に次の一項を加える。

社寺上地又は地租改正の以前から引き続いて社寺等の用に供せられていた国有財産は、反証のない限りは、前項に規定する事由によって国有となったものとみなす。

② 第二条を次のように改める。
この法律施行の際現に国有財産法によって社寺等に無償で貸し付け《又は国有林野法によって保管させ》てある国有財産で前条第一項の規定に該当しないものを随意契約によって当該社寺等に売り払う場合においては、主務大臣は、当該国有財産について当該社寺等の費した有益費、当該社寺等が無償でその用に供していた事実等を参酌して公正なる価額でこれをしなければならない。

主務大臣は、前項の規定による価額を定めるについて、社寺境内地処分審査会《又は社寺保管林処分審査会》に諮問しなければならない。

第一項の規定に該当する国有財産の売渡の申請は、　年　月　日から一年以内にしなければならない。但し、前条第一項の申請をしたものについては、同項の規定による譲与をしないこととの決定通知を受けた日、前条第一項の規定による行政処分について訴願をしたものについては、その裁決書を受領した日から六月以内はこれをすることができる。
③ 第三条中「又は前条第一項」及び「又は売払」を削る。
④ 第四条第一項中「又は第二条第一項」、「又は売払」及び「第二条第一項に規定する従前の土地に係る清算金又は補償金についてはその金額の半額に相当する債権を」を、同条第二項中「第二条第一項に規定する従前の土地に係る負担金又は清算金についてはその金額の半額に相当する債務」を削る。
⑤ 第五条中「又は売払」を削り、同条第一項中「第二条第一項に規定する従前の土地の換地

及び従前の土地に定着する国有物件については時価の半額で売払を」を削る。

⑥　第五条の次に次の一条を加える。

第五条の二　この法律施行の際現に国有財産法によって社寺等に無償で貸し付けてある国有財産で第一条第一項の規定に該当しないものが耕地整理法による耕地整理又は都市計画若しくは特別都市計画法による土地区画整理の施行地区に編入せられた場合において当該社寺等がその交付せられた換地以外の土地に移転する必要があるときに主務大臣がその換地及び当該国有財産に定着する国有物件を随意契約によって当該社寺等に売り払う場合においては、第二条の規定を準用する。

⑦　第七条中「第五条第一項」を「第五条の二」に、「十年間」を「五年以内」に改める。［訂正後のもの］

⑧　第十条第三項中「、第二条第一項」及び「又は売渡」を削る。

⑨　附則

1　この法律は、公布の日から施行する。

2　この法律施行前になした改正前の第二条第一項の規定による売払の申請であって第一条第一項に規定する条件に該当するものは、同項の規定により期限内になした譲与の申請とみなす。

ここでは、とくに第二条改正案において半額売払制度の廃止を打ち出したことが注目されるが、これでは明らかに、前記の総司令部指令（一九四六年十一月十三日付）の内容と矛盾する。事実、やがてこの点が問われることになる。

いわゆる東京裁判の判決（一一月一二日）を経て、改正国家公務員法が公布された十一月三十日に第三回国会（臨時）が閉会する時までの動きは、今のところよく判らない。だが、第四回通常国会が召集された後の十二月六日——その前日には、いわゆる昭和電工事件で芦田前首相が逮捕されるという出来事があった——には、国有境内地処分法改正案について、民政局側と佐藤法制長官・大蔵省当局者等の日本側との間に話合いがもたれたようである。この事実は、法制第一局が立案した右の改正法案（佐藤文書(a)）の欄外に鉛筆で書き込まれた次のようなメモが示すところである（佐藤自筆）。

国有財産局長　船山、小林事務官

耕地整理課　都市計画課

〔文部栗田事務官（宗務課）打合

英文官報　一九四七、四、一二〕

「勅令」を「政令」に改める

C.I.E. Dr Bunce　ウィリアムニ聞イテクレタ　指令ヲ直スカ

　裁判所ノ判決ガアッテカラデイヽ、ホッテオケト云フ

キリスト教　有償貸付ノ分マデ無償又ハ半額デクレト云ッテ来テイル

　スキャピン通リ忠実ニヤッテ来タ立場カラ云ッテ、C・I・E・トノ関係

小林氏　上［当惑か］シテイル、大蔵省トシテハ積極的ニハ云ヘナイ

まず、右の記述について多少注記すれば、冒頭に登場する「船山」とは舟山正吉局長——社寺境内

地処分中央審査会委員も務めた――を指し、「小林事務官」とは同局の小林英夫第二管理課長をいうものと思われる（「栗田事務官」は今のところ判らない）。そして「C・I・E」とは、前記の総司令部の民間情報教育局（Civil Information and Education Section）の略称であり、先に神道指令を起案し、日本の宗教指導者や宗教学者などと交流をもちつつ、一貫して宗教関係法制の問題に携わってきたウィリアム・バンス（William K. Bunce, 1907-）博士はその宗教課長であったが、ここに記録された発言は重大な内容を含んでいる。

すなわち、キリスト教側の動向の一端をも伝える右の佐藤メモによれば、W・バンスは、半額売払の点を問題視し、その「整理」を求めた民政局のJ・ウィリアムズ国会政治課長に対し、先の「宗教団体に供用中の国有地の処分について」と題する民間情報教育局の「指令ヲ直ス」つもりかと問い、司法判断に委ねればよいではないかと説いた、というのである。このいささか強気とも見える姿勢には、先に述べた社寺境内地処分中央審査会の第二回会合に際し（昭和二三年八月一九日〜八月二一日）、国有境内地処分法の趣旨について自ら講演したバンスの姿が重なってくる。[8] 他方、その覚書通りに「忠実ニ」事を運んできた大蔵省側としても、この間に立法作業に関しては原則としてすべて民政局を通すことになったとはいえ、[9] これまで一貫して、文化・宗教等の政策を担当してきた民間情報教育局の指示と協力を仰いできたこともあって、[10] 民政局から出た異議によって国有境内地処分法を改正することには賛成しかねる、というわけである。

W・バンスのいわゆる「裁判所ノ判決」は、ちょうど十年後に最高裁判所大法廷による合憲判断となって現れるが（前記の最大判昭和三三年一二月二四日参照）、それはともかく、右のような考え方を基礎として作成されたのが、半額売払制度の廃止を内容とする法務庁立案の国有境内地処分法改正案の趣旨を明らかにした次の文書である（佐藤文書(b)、高等試験用箋〈内閣〉裏面二枚）。これは、右の打合せの内容を折り込んでいることから、十二月六日以後に書かれたものと見られる。

　昭和二十二年法律第五十三号は別紙説明書の通り合憲法的のものであると信ずるが、その第二条に規定する「半額譲与」は、あまりすっきりしないと云う批評もあるので、「半額譲与」の問題を払拭する案を法務庁において立案した。これがそのドラフトである。

　この案は、大蔵省及び文部省当局者の同意を得たものであり、その内容自体についてはこれらの当局者に別段の異存はないが、但し、現行法は(右半額譲与に関する第二条の規定を含み、)昭和二十一年十一月十三日の聯合国最高司令官総司令部発AG六〇二号「宗教団体使用中の国有境内地処分に関する件」に基き、且つそれに従って制定されたものであり、現行秩序として、関係者も十分奈得《ママ》して運用されているものであるから、この際進んでこの改正をすると云うことについては、関係者の態度は消極的である。殊に関係者はCIEに対する関係を余程懸念している。

　冒頭に言及された「別紙説明書」とは、先にみた「昭和二十二年法律第五十三号の合憲法性について」（佐藤文書(e)）を意味するが、このように、右の文書は改正法案趣旨説明書という意味をもつ。「そのドラフト」の内容は先にみた改正案通りであるが、それに相当する十二月六日付の英文改正案も、“On the Draft Amendment of Law No. 53 of 1947”として遺されている（佐藤文書(c)、タイプ紙四枚）。また、関係者が憂慮している「CIEに対する関係」が、民政局対民間情報教育局という総司令部内の部局間の権限関係に由来するものであることは、明らかであろう。

法務庁作成の改正案を示すものとしては、さらに国有境内地処分法の公布正文に改正条規を「赤書」で書き込んだ史料がある（佐藤文書(j)）。その改正案の内容はほぼ右にみた通りであるが、これに加えて、第一条以下に頻出する「譲与」はすべて「返還」に改められている。したがって、これも十二月六日よりやや後に作成されたものであろうが、その冒頭には、「社寺等の国有境内地処分に当り現行の半額譲与が許されない場合は『赤書』の通り関係条文を修正したい。」という趣意書——これ自体「赤書」されている——が見られる。

ここで注意すべきは、この「許されない場合は」という、いわば仮定的表現がとられている点である。というのも、それは、占領管理体制下に見られた総司令部主導にかかる多くの法令の立案がそうであったように、ほぼ確実にそうなるとの見込みをもって書かれたものではないように思われるからである。

四　処分法改正問題の解消

事実、その後、右の案にそった国有境内地処分法の改正が行われたことはなかった。すなわち、占領管理体制の下では、土地改良法の施行に伴う所要の改正があるのみで（昭和二四年六月六日法律一九六号による）、日本が独立を回復したサンフランシスコ条約の発効後は、その翌年に比較的大きな改正があったものの（昭和二八年八月一日法律一三〇号による第一次改正）、その内容は、ここで取り扱った改正案とはまったく関係がない。こうして、「イギリス代表の異議」を発端とする国有境内地処分法改正問題は、ついに霧消してしまったとみてよい[11]。

何故こういう結末になったのであろうか。前記の通り、J・ウィリアムズの占領回顧録は、その理由を示すことなく、「この件について、総司令部は、自らの判断を問題とされた二つの法律を合憲だと考えている日本政府のそれに置き換えることを拒否した」と語り、そうした「回答」を用意したとするのみである。しかし、興味ぶかいことに、W・ウッダードは、国有境内地処分法の制定当時、総司令部の中で「民政局など本件法案の合憲性に疑義をとなえた」部局があった事実を記している[12]。

ここから推察すると、この問題については、かねて民政局（GS）と民間情報教育局（CIE）との間に大きな意見の相違——いわば総司令部側の「内紛」というべきもの——があったが、結局のところ、先のW・バンスの発言に示されるような民間情報教育局の強い姿勢に民政局が折れた、ということは考えられないだろうか。さらに想像を逞しくするなら、「イギリス代表の異議」とは架空のもので、実は、民政局自身の意向をそう表現したのではないか、という推測すら成り立つかも知れない。

（1）　そこには、衆知の神道指令、国有境内地処分法「制定の基本となった連合国軍の指令」や同法の運用方針・社寺国有境内地地積個数調などの具体的な国有境内地処分に関する各種資料が集約されている。
（2）　法務庁設置法（昭和二二年一二月一七日法律一九三号）による。
（3）　ウィリアム・P・ウッダード『天皇と神道——CHQの宗教政策』（阿部美哉訳・サイマル出版会、一九八八年）一四四頁。
（4）　大蔵省管財局編『社寺境内地処分誌』一六四頁の訳文による。日本管理法令研究一六号所収の邦訳は、Religious institutions を「宗教機関」とするなど、やや表現が異なっている。
（5）　前記『社寺境内地処分誌』二三二頁参照。

(6) この点については、宇賀克也『国家補償法』(有斐閣、一九九七年)三五七頁参照。なお、宇賀教授は、立法政策としては「内外平等主義」の見地から削除論を支持される。
(7) 法務局及びバッシンについては、オプラー・前掲書一九一頁以下参照。
(8) 前記『社寺境内地処分誌』二二八頁以下参照。なお、同書は、一貫してW・バンスを「バーンズ」と記している。
(9) この点については、思想の科学研究会編『日本占領研究事典』(徳間書店、一九七八年)一五七頁参照。
(10) 前記指令(四)により、日本政府は、総司令部、つまり民間情報教育局に対し国有境内地の処分状況について毎月報告することにもなっていたが、国有境内地処分問題に関する同局の態度については、ウッダード・前掲訳書一四〇頁以下を参照。
(11) その後も他の法律の制定・施行にともなう所要の改正が行われたにすぎない。例えば、土地区画整理法の施行に伴う同二十九年五月二十日法律第百二十号によるもの、行政不服審査法の施行に伴う同三十七年九月十五日法律第百六十一号によるものがある。
(12) ウッダード・前掲訳書一四一頁。

4　立法・判例と憲法解釈

一　冒頭に記したように、憲法学は一般に、無償譲与問題が争われた裁判例が目立つせいか、国有境内地処分法第一条に重点をおいて議論する傾向があり、その立場から、「この法律が制定されたときに問題になった」という一文を読むと、国有境内地処分法の合憲性は同条を中心に争われたかのような印象を受ける。だが、これまで検討してきたように、確かな根拠のある無償譲与については憲法上の疑義はとくに見当らず、同法の合憲性はむしろ第二条所定の半額売払をめぐって問題とされたのであり、ここに論点認識のずれを見ることができよう。

この点で注目すべきは、いわゆる富士山頂譲与不許可処分取消請求事件における名古屋地裁判決である（名古屋地判昭和三七年三月二七日判時二九四号二頁）。というのも、そこでは無償譲与の問題と半額売払制度のそれとは明らかに区別され、とくに「法律第二条に規定する随意契約をもってする時価の半額売払は、叙上説示の如き沿革的権利がないか、もしくはそれがあっても証明できない国有境内地につきなされるものであり、専ら、従前の永久、無償の使用権断絶の補償的作用を営むことに、その合憲性の根拠を見出し得るのであるが、反面、本法律の経過的、善後措置的従ってまたいわばぬえ的性格を最も良く顕現するものといえよう」として、むしろ後者に真の問題点が潜んでいることを的確に指摘しているからである[1]。

これは、実のところ、直接争点にならなかった問題についての判示であったが、同上告事件において最高裁判所も、「なお、法二条による半額売払の制度は、社寺上地等により国有となった沿革を有する土地であっても、明治初年における事実の挙証が困難である場合があることを考慮し、かつ、旧国有財産法による無償使用権に対する補償を含めた趣旨のものとして、その合理性を認めることができる」として、同様な傍論的判示を行なっている（最三判昭和四九年四月九日訟月二〇巻八号三九頁、判時七四〇号四二頁）。

二　これは、大蔵省管財局編『社寺境内地処分誌』（昭二九）の示した立法的解決を最高裁判所が基本的に受け入れたことを意味する。そもそも同書は、初期の国有境内地処分法事件の第一審である大阪地裁の判決当時（昭和二八年四月二八日）にはまだ公刊されていなかったが、その刊行直後の控訴審判決（大阪高判昭和二九年一二月三日）も、たんに「明治初年に寺院等から無償で取上げて国有として保管していた財産を寺院等に返還する処置を講じたものであって、右のように由来のない単なる国有財産を寺院等に無償で貸付や譲渡する処置を講じたものではない」ことを理由に、国有境内地処分法を合憲と判断したにとどまる。そして最高裁大法廷の判断（最大判昭和三三年一二月二四日民集一二巻一六号三三五二頁）は、この控訴審判決をほぼそのまま踏襲したものであって、特殊な沿革的理由があれば違憲でないということのみを説き、必ずしも十分な理由づけを伴ったものではなかった。(2)

これに対し、右の富士山頂譲与事件において、名古屋地裁は、初めて前記『社寺境内地処分誌』に大きく依拠して——「いささか異例ではあるが」と断りつつ——国有境内地処分法の「沿革的理由」について詳述し、次のように判示した(3)（判時二九四号一八頁）。

かかる沿革を閲した社寺等の国有境内地につき、宗教団体に対する特別の利益供与を禁止する新憲法の施行に伴い従前の無償貸付関係を持続することが不可能となったからといって、ただ、漫然これが断絶を計ることは、沿革的な前叙私法的（財産的）支配権の存在を完全に無視することになるのみならず、反面、従来寺社等に認められていた永久、無償の使用権……を故なく奪うこととなり、その結果、社寺等の宗教活動に重大な支障を与え、ひいては、その存立すら危殆に瀕せしめることにもなりかねない……それ［国有境内地処分法］は、実質的には国で預り保管していた土地を社寺等に返還する措置としての作用を営むものとして構成されたものというべく、それ故にこそ、同法律は政教分離を宣明する新憲法の下において、良くこれと牴触することなく、合憲たるの地位を保有し得るのである……。

これは、のちの最高裁判決を先取りする法律論を展開したものとして注目すべきであるが、それができたのは、同地裁が国有境内地処分法制定の経緯を、前記『社寺境内地処分誌』に拠りつつ、正確に押さえたからであろう。これに対し、通説的見解は、前記の国有境内地処分法事件に関する最高裁判決（最大判昭和三三年一二月二四日）――これ自体、当時の支配的学説にそったものである――に引きずられる形で、過渡的措置であるから合憲だと説明するか又はその論理をそのまま是認している(4)。

そのため、「単なる沿革が合憲の理由になるかは疑わしい。むしろ、この法律が、連合国側の命令にもとづいて発せられた、いわゆる管理法体系に属するため、違憲ではあるが有効だと解するか、または、政教分離の憲法の精神を貫くための過渡的措置だから許されると解するかのいずれかのほうが、理論構成としては優れている(5)」とする批判を招くことになる。確かに、立法の背景を捨象した沿革的理由は空虚であり、その意味から右の批判に同調する評釈等は少なくないように思われる(6)。

だが、このような見方は、前稿「いわゆる国有境内地処分法の憲法史的考察」（本書二〇一頁以下）で詳しくみたように、明治期以来の長い歴史をもつ社寺境内地返還問題に対する行政判例の蓄積と立法的努力とを軽視又は無視したものといえよう。むろん、通説的な合憲論も、この点に関する適切な判断材料を示すのを怠ってきたことは疑いえないが、その要因はおそらく、前記『社寺境内地処分誌』に対して然るべき顧慮を払わず、国有境内地処分法の憲法問題を政教分離原則との関係という一点に絞り込み、信教の自由という観点を見失ってしまった点に求められよう(7)。

三　この点でも注目されるべきは、前記の富士山頂譲与事件であって、最高裁第三小法廷は、前記の名古屋地裁の判断を是認する形で、「旧国有財産法に基づく社寺等に対する国有境内地等の無償貸付関係……を清算するにあたり、ただ単にその消滅のみをはかるとすれば、上記の沿革的な理由から従来社寺等に認められていた永久、無償の使用権をゆえなく奪うこととなり、財産権を保障する日本国憲法の精神にも反する結果となるみならず、その結果、社寺等の宗教活動に支障を与え、その存立を危くすることにもなりかねないのであるが、そのような結果は、実質的にみて特定宗教に対する不当な圧迫であり、信教の自由を保障する日本国憲法の精神にも反するところである」（訟月二〇巻八号四二頁、判時七四〇号四四頁）と論じている。

そこで、この判決は、いかにも舌足らずの合憲理由を述べた前記の国有境内地処分法事件における最高裁判決（最大判昭和三三年一二月二四日）を補う形で、「旧国有財産法に基づき社寺等に無償貸付してある境内地のうち、社寺上地等により国有となった土地については……これを元来所有権者であるべき社寺等に無償で返還（譲与）することとして制定されたのが「国有境内地処分」法であると解されるのであり、そのゆえにこそ、法に基づく国有財産関係の整理が日本国憲法第八十九条の趣旨に反するものではないといいうる」と述べたわけである。

こうしてみると、富士山頂譲与事件における最高裁第三小法廷判決は、表面的には右の大法廷判決の参照を求めながらも、国有境内地処分法の合憲理由について改めて実質的な判断を示したものと考えられる。その意味において、ここでは明らかに憲法判例の変更が行われたとみるべきであるが、そうすると、憲法学はこの点でも十分な認識を欠いていることになろう。

（1）但し、同地裁も、結論的には『社寺境内地処分誌』における「事務当局の見解」に与している。

（2）この点については、大石「寺院に対する国有地の譲与」宗教判例百選〈第二版〉六〇―六一頁を参照されたい。

（3）この控訴審は、名古屋高判昭和四二年七月一九日判時四八八号二二頁で、無償譲与の範囲を一部変更したが、基本的に同趣旨の判断を示している。

（4）例、宮澤・前掲書七四二頁、佐藤功・前掲書一一八三頁、小嶋和司『憲法概説』（良書普及会、一九八七年）五一三頁、杉原泰雄『憲法II』（有斐閣、一九八九年）四三九頁、樋口陽一ほか『注釈日本国憲法〈下〉』（青林書院、一九八八年）一三五五頁など。

（5）有倉遼吉『憲法感覚と憲法解釈』（日本評論新社、一九六三年）二八四頁。同趣旨を示すものとして、新井隆一『財政における憲法問題』（中央経済社、一九六五年）六二頁、小林直樹『憲法講義〈下〉』（新版・東京大学出版会、一九八一年）三九八頁、樋口陽一『憲法I』（青林書院、一九九八年）三四八頁など。

（6）例えば、円藤真一・憲法判例百選（第一版）二二六頁、新井隆一・憲法判例百選II（第二版）四〇六頁、同・宗教判例百選（第一版）三〇頁、上田勝美・宗教判例百選（第二版）六二頁などがある。

（7）例外的に、百地章・憲法判例百選II（第三版）四三二頁がある。

あとがき

本書は、これまで著者が日本憲法史に関して発表してきたいろいろな論考に修正・加筆を施し、明治立憲制を対象とするもの（第一部）、現行の日本国憲法に関するもの（第二部）に整理したうえで、両者を通して憲法史と憲法解釈との有機的連関を具体的に探った論説（第三部）を加えたものである。それぞれが公表された時の原題及び時期は、次の通りであるが、その後の経過を踏まえて補正したり註を付したりしたところも多い。

序　日本憲法——回顧と展望（書斎の窓四八一号、一九九九年）

第一部　明治憲法体制と立憲主義

Ⅰ　日本憲法史における抵抗権思想の系譜（宮田豊先生古稀記念『国法学の諸問題』〈嵯峨野書院、一九九六年〉所収）

Ⅱ　隠れた政府顧問「ブロック氏」［原題＝「ブロック氏」再訪］（学士会報八一一号、一九九六年）

Ⅲ　伊東巳代治と明治典憲体制（国立国会図書館憲政資料室編『伊東巳代治関係文書』〈北泉社、一九九五年〉所収）

Ⅳ　日本議会法伝統の形成——議院法の制定過程を中心に（議会政治研究一五号、一九九〇年）

Ⅴ　憲法史研究会について——リベラリストの梁山泊［原題＝「憲法史研究会」について］（書斎の窓

四三八号、一九九四年）

第二部　日本国憲法の制定とその後

Ⅵ　現行憲法制定史の現況と課題［原題＝現行憲法制定史の現況］（ジュリスト一〇八九号、一九九六年）

Ⅶ　憲法制定過程と解釈問題［原題＝日本国憲法の誕生①～⑩］（法学教室二〇一号～二一〇号、一九九七～九八年）

Ⅷ　戦後憲法学の展開［原題＝国民主権論を問い直す］（This is 読売・臨時増刊号『日本国憲法のすべて』一九九七年）

第三部　憲法史と憲法解釈——社寺境内地処分問題の場合

Ⅸ　いわゆる国有境内地処分法の憲法史的考察——その合憲性の問題に寄せて（法政研究六六巻二号、一九九九年）

Ⅹ　再び国有境内地処分法について——占領体制下の改正問題を中心に（法学論叢一四六巻五＝六号、二〇〇〇年）

右のうち、第二部のⅦ「憲法制定過程と解釈問題」を形づくる各篇は、有斐閣の『法学教室』編集室の依頼を受けて連載したものが下敷きになっているが、最も多く加筆したのはこの部分である。というのも、同誌連載中は、紙幅が限られていたことから、参考文献を細かく指示したり関連事項を付加したりすることはできなかったからである。

さて、同誌での連載執筆をお引き受けした時、憲法の講義を受けた学生諸君を前提として憲法制定過程と解釈問題とを有機的に関連させた読み物にしてほしいという希望が伝えられた。本書の表題は、実は、そこにヒントを得たもので、私は、今年度の大学院の講義でも「憲法史と憲法解釈」と題する演習を行なっている。その意味で、その着想と本書成立の契機を与えてくださった大井文夫編集長を始めとする『法学教室』編集室の方々に、深く感謝したい。

本書は、信山社「日本憲法史叢書」の五冊目として刊行されるが、このたびも編集部の村岡侖衛氏を始め、同社の方々にはたいへんお世話になった。心から御礼を申し上げるとともに、「日本憲法史叢書」の発展を切に祈る次第である。

二〇〇〇年（平一二）八月一六日

大文字をのぞむ研究室において

大石　眞

著者紹介

大石　眞　（おおいし　まこと）

1951年　宮崎県生まれ

1974年　東北大学法学部卒業。同助手，國學院大学法学部助教授，九州大学法学部教授等を経て，現在，京都大学法学部教授（憲法講座）。

主要著書

『議院自律権の構造』（成文堂，1988年），『議院法制定史の研究』（成文堂，1990年），『議院法　日本立法資料全集３』（信山社，1991年），『日本憲法史』（有斐閣，1995年），『日本憲法史の周辺』（成文堂，1995年），『憲法と宗教制度』（有斐閣，1996年），『立憲民主制』（信山社，1996年），『憲法概観〔第５版〕』（共著・有斐閣，1998年），『憲法20条』（共著・第三文明社，2000年）ほか。

日本憲法史叢書

憲法史と憲法解釈

2000年10月20日　初版第１刷発行

著　者　大石　　眞

装幀者　石川　九楊

発行者　今井　貴＝村岡侖衛

発行所　信山社出版株式会社

〒113-0033　東京都文京区本郷6-2-9-102

TEL 03-3818-1019　FAX 03-3818-0344

印刷 勝美印刷　製本 渋谷文泉閣　発売 大学図書

ISBN 4-7972-5046-1 C 3332

郵 便 は が き

料金受取人払

本郷局承認

1526

差出有効期間
平成15年 2 月
20日まで

(切手不要)

113-0033

東京都文京区
本郷 6 − 2 − 9 −102

信 山 社 行

※本書以外の小社の出版物を購入申込みする場合に御使用下さい。(500292)

購入申込書	書名をご記入の上お買いつけの書店にお渡し下さい。	
〔書　名〕	部数	部
〔書　名〕	部数	部

◎書店様へ　取次番線をご記入の上ご投函下さい。(2000.08.28)

愛読者カード

本書の書名をご記入ください。

(　　　　　　　　　　)

フリガナ ご芳名	年齢 歳	男 女

フリガナ
ご住所　　(郵便番号)

TEL　　　　　　　　　(　　)

ご職業	本書の発行を何でお知りになりましたか。 A 書店店頭　B 新聞・雑誌の広告　C 小社ご案内 D 書評や紹介記事　E 知人・先生の紹介　F その他

本書のほかに小社の出版物をお持ちでしたら、その書名をお書き下さい。

本書についてのご感想・ご希望

今後どのような図書の刊行をお望みですか。

三　明治・大正を見た人々
5　小泉八雲の法哲学／6　蓬萊の島にて／7　鹿鳴館のあだ花のなかで／8　青年経済学者の明治日本／9　ドイツ哲学者の祇園体験
四　アメリカ知識人と昭和の危機
10　ジョン・ガンサーと軍国日本／11　オーウェン・ラティモアと「魔女狩り」／12　歴史としての太平洋問題調査会

純粋雑学　本体価格 2,900円

主要目次
一　純粋雑学
1　研究と偶然／2　漢文・お経・英語教育／3　五十音拡充論／4　英会話下手の再評価／5　ワードゲームの中のアメリカ／6　ドイツ人の苗字／7　「二〇〇一年宇宙の旅」／8　ウィーンのホームズ／9　しごとの周辺／10　思想としての別役劇／11　外国研究覚え書き
二　駒場の四十年
　A　駆け出しのころ
12　仰ぎ見た先生方／13　最後の貴族主義者／14　学問と政治—ストライキ問題雑感／15　「居直り」について／16　ある学生課長の生涯
　B　教師生活雑感
17　試験地獄／18　大学私見／19　留学生を迎える／20　真夏に師走　寄付集め／21　聴かせる権利の法哲学／22　学内行政の法哲学
　C　相関社会科学の周辺
23　学僧たち/24　相撲取りと大学教授/25　世紀末の社会科学／26　相関社会科学に関する九項/27　「相関社会科学」創刊にあたって/28　相関社会科学の現状と展望／29　相関社会科学の試み／30　経済学について／31　ドイツ産業の体質/32　教養学科の四十年・あとがき/33　教養学科案内
　D　駒場図書館とともに
34　教養学部図書館の歴史・現状・展望／35　図書館の「すごさ」／36　読書と図書館／37　教養学部図書館の四十年／38　「二十一世紀の図書館」見学記／39　一高・駒場・図書館／40　新山春子さんを送る
三　私事あれこれ
41　北一輝の誤謬／42　父の「在満最後の日記」／43　晩年の孔子／44　迷子になった話／45　私が孤児であったなら／46　ヤルタとポツダムと私／47　私の学生時代／48　受験時代／49　「星離去」考／50　私の哲学入門／51　最高齢の合格者／52　飼犬リキ／53　運命との和解／54　私の死生観

されど、アメリカ　本体価格 2,700円

主要目次
一　アメリカ滞在記
1　アメリカの法廷体験記／2　アメリカ東と西／3　エマソンのことなど／4　ユダヤ人と黒人と現代アメリカ／5　日記——滞米2週間
二　アメリカと極東
1　ある感傷の終り／2　ある復讐の物語／3　アメリカ思想と湾岸戦争／4　「アメリカの世紀」は幕切れ近く